Antonie Rietzschel

DREAMLAND DEUTSCHLAND?

ANTONIE RIETZSCHEL

DREAMLAND DEUTSCHLAND?

Das erste Jahr nach der Flucht
Zwei Brüder aus Syrien erzählen

HANSER

Bibliografische Information der Deutschen Nationalbibliothek
Die Deutsche Nationalbibliothek verzeichnet diese Publikation in
der Deutschen Nationalbibliografie; detaillierte bibliografische
Daten sind im Internet über http://dnb.d-nb.de abrufbar.

1   2   3   4   5   20   19   18   17   16

© 2016 Carl Hanser Verlag München
www.hanser-literaturverlage.de
Herstellung: Denise Jäkel
Umschlaggestaltung: Hauptmann & Kompanie Werbeagentur,
Zürich, unter Verwendung eines Fotos von © Daniel Hofer
Satz: Kösel Media GmbH, Krugzell
Druck und Bindung: CPI – Ebner & Spiegel, Ulm
Printed in Germany
ISBN 978-3-446-44818-6
E-Book-ISBN 978-3-446-44819-3

Inhalt

Vorwort

»Wovor habt ihr Angst?« – ich stehe auf einer Straßen-
kreuzung in München und schreie ins Telefon. Es ist
Anfang Dezember 2014. In Zügen aus Italien versuchen
Hunderte Flüchtlinge die deutsch-österreichische Grenze
zu überqueren. Vor wenigen Tagen war ich nach Mailand
gereist, damals ein Hot Spot. Im Bahnhof drängten sich
junge Männer aus Syrien vor Fahrkartenautomaten. Kinder spielten auf dem Boden. Gemeinsam mit einem
Fotografen wollte ich Flüchtlinge auf ihrem Weg nach
Deutschland begleiten. Was wir denn bräuchten, fragte
uns ganz nüchtern einer der Helfer. »Jemanden, der Englisch spricht und heute oder morgen loswill«, sagte ich.
Daraufhin verschwand der Helfer, nach fünf Minuten
kehrte er mit zwei jungen Männern zurück, Mohanad
und Yousef.

Es war vor allem Mohanad, der redete. Sein älterer
Bruder sprach schlecht Englisch und wirkte misstrauisch. Gemeinsam machten wir uns auf den Weg. Wir fuh-
ren mit dem Zug von Mailand nach Verona. Von dort
ging es weiter nach München. Schon bald kannte ich die
Träume der Brüder. Ihre Ängste. Ihre Verzweiflung. Als

die Polizei noch in Italien in den Zug stieg, packte Mohanad meinen Arm. Panisch stellt er mir immer wieder dieselbe Frage, wie weit es noch bis zur Grenze sei. Kurz vor der deutsch-österreichischen Grenze wurden sie aus dem Zug geholt. Mit der rosafarbenen Tasche, in der der syrische Honig in Klamotten vergraben war. Ihr Mittel gegen größten Hunger und Heimweh. Zum Abschied umarmten wir uns.

Zurück in München wusste ich noch nicht, dass es Mohanad und Yousef trotz der Grenzkontrolle nach Deutschland geschafft hatten. Meine Facebooknachrichten blieben zunächst unbeantwortet. Ich machte mir Sorgen, wollte die Geschichte der beiden Brüder teilen – und rief meine Mutter an. Sie sagte nur: »Ich war gerade bei der Steffi zum Kekse backen. Sie hat erzählt, dass jetzt ein Flüchtlingsheim in ihrer Nachbarschaft gebaut wird. Sie macht sich Sorg…« Ich ließ sie nicht ausreden, unterbrach sie, wurde laut. »Schrei mich nicht an«, sagte meine Mutter.

Nichts wurde in der jüngsten Vergangenheit so emotional diskutiert wie der richtige Umgang mit Flüchtlingen. Das Thema hat Deutschland in zwei Lager gespalten, die Grenze verlief auch zwischen meiner Mutter und mir.

Meine Eltern kommen aus einem Dorf nahe der Sächsischen Schweiz. Hier lebten bis vor Kurzem nur wenige Menschen mit Migrationshintergrund – dafür gab und gibt es eine gut vernetzte rechtsextreme Szene. Ich bin in Heidenau zur Schule gegangen. Dort stand ich im Sommer 2015 einem aufgebrachten Mob gegenüber, aufgestachelt durch Rechtsextreme. Meine Mutter gehörte nicht dazu – dennoch hörte ich jetzt auch von ihr Geschichten wie diese: Busfahrer in Altenberg hätten Angst zu arbei-

ten, weil sie angeblich von Asylbewerbern bedroht würden. Meine Mutter hatte das in ihrem Laden von einer
Kundin gehört. Dann wurde im Laden nebenan geklaut.
Die Diebe kamen aus einem Flüchtlingsheim. »Ich ver-
stehe das nicht. Die tun doch anderen Asylbewerbern keinen Gefallen, das wirft doch ein schlechtes Licht auf
die«, sagte meine Mutter. Ich versuchte ihr zu erklären,
dass es genau wie bei Deutschen auch schwarze Schafe
unter Asylbewerbern gebe. Das sei aber noch längst kein
Grund zu verallgemeinern.

Unsere Auseinandersetzungen waren erbittert und laut.
Wir argumentierten von völlig unterschiedlichen Stand-
punkten aus. Meine Mutter stellte sich durchaus berech-
tigte Fragen, gleichzeitig hatte sie noch nie einen Flüchtling getroffen. Ich dagegen dachte immerzu an Mohanad
und Yousef. Für mich waren Flüchtlinge Teil der Realität,
für meine Mutter etwas Fremdes.

Die Begegnung mit den Brüdern war Zufall gewesen –
mit weitreichenden Folgen für uns drei. Wir kennen uns
mittlerweile seit über einem Jahr. Ich habe sie mehrmals
in ihrer neuen Heimat Oelde, nahe Münster, besucht.
Die beiden sind wie Brüder für mich. Worüber wir nicht
alles schon geredet, aber auch diskutiert haben: ihre
Familie, die politische Lage in Syrien und Deutschland,
über Frauen und den Islam. Staunend sehe ich, wie
schnell sich die beiden weiterentwickeln.

Natürlich ist es naiv, zu glauben, alle Flüchtlinge seien
so wie Yousef oder Mohanad. Dennoch ist es wichtig,
ihre Geschichte zu erzählen. Gerade jetzt. Über all den
Diskussionen um schnellere Abschiebungen und Grenzschließungen haben wir vergessen, dass hinter dem
Sammelbegriff »Flüchtling« Menschen stehen. Menschen
wie Mohanad und Yousef. Sie haben Wünsche und Hoff-

nungen. Was macht Deutschland mit ihnen – und was machen sie mit Deutschland? Das erzählen die Brüder am besten selbst.

EINS   Zwei Leben

Das kleine Mädchen dreht sich um sich selbst – immer und immer wieder. Ihr weißes Kleid fliegt hoch. Sie wackelt mit den Hüften zu der treibenden arabischen Musik im Hintergrund. Zum Schluss formen die kleinen Finger ein Herz. Ihre Augen schauen in die Kamera, als würden sie darin einen geliebten Menschen erblicken. Drei Jahre ist es her, dass Yousef seine kleine Schwester das letzte Mal gesehen hat. Bevor er sich verstecken und schließlich fliehen musste. Jetzt kann er ihr nur noch per Handy beim Aufwachsen zusehen. Die Familie schickt per WhatsApp und Facebook Videos und Fotos, die er sich gemeinsam mit seinem jüngeren Bruder Mohanad in Dauerschleife anschaut.

Wer Mohanad und Yousef zusammen sieht, würde nicht vermuten, dass sie Geschwister sind. Mohanad mit dem roten dichten Haar und der hellen Haut. Die rehbraunen Augen hat er von seiner Mutter geerbt, genau wie die vollen Lippen. Yousefs Augen sind fast so schwarz wie das dünne Haar auf seinem Kopf. Seine Haut ist dunkler. Er ist größer als sein jüngerer Bruder und schmaler. Auch sonst sind die beiden sehr unterschiedlich – das war schon in ihrer Kindheit so, die sie in den Neunzigerjahren in der syrischen Hauptstadt Damaskus verbracht haben.

Zu Hause sind sie zunächst zu fünft, Vater, Mutter und drei Söhne. Der Vater ist beruflich viel unterwegs, manchmal wochenlang. Die Mutter kümmert sich um den Haushalt, backt schon frühmorgens frisches Brot. Kommen die Kinder aus der Schule, steht das Essen auf dem Tisch. Wenn Mohanad daran denkt, schließt er die Augen und zieht die Luft durch die Nase, als könne er dadurch die Gerüche von damals zurückholen.

Die Mutter ist für die Brüder die wichtigste Bezugsperson. Mohanad ist als Jüngster ihr absoluter Liebling. Bis zu seinem sechsten Lebensjahr schläft er neben ihr im Bett. Beim Essen hat er einen festen Platz neben seiner Mutter. Selbst als junger Mann bekommt er extra Küsschen und Umarmungen. Mehr als Yousef, obwohl der nur zwei Jahre älter ist als Mohanad. Das ändert sich auch nicht, als die Schwestern zur Welt kommen. Ist die Mutter krank, müssen die Geschwister den Haushalt schmeißen. Nur der zierliche Mohanad darf neben ihr sitzen und ihre Hand streicheln.

Auch der Vater bevorzugt Mohanad. Als er nach langer Zeit mal wieder nach Hause kommt, legt er sich zum Mittagsschlaf nieder. Die Kinder wissen, dass sie ihn nicht stören dürfen. Der älteste Bruder setzt sich still an den Tisch, um zu lernen – doch Mohanad und Yousef toben herum. Der Vater kann bei dem Krach nicht schlafen. Er öffnet die Tür zum Wohnzimmer, sieht die beiden spielenden Jungen. Er gibt Yousef, aber auch dem ältesten Sohn eine Ohrfeige. Mohanad bleibt verschont. Eifersüchtig auf die Sonderbehandlung ist Yousef jedoch nicht. Draußen auf der Straße wird er sogar zum Beschützer seines schwächlichen Bruders. Als er hört, Mohanad werde von einigen Jungs in der Schule geärgert, verprügelt er sie.

Yousef, der Ältere, ist ein Rabauke, verteidigt nicht nur seinen kleinen Bruder, sondern auch Freunde. Er ist ein nachlässiges Kind, verliert ständig das Halstuch seiner Schuluniform. Die Lehrer mögen ihn nicht besonders. Eine Lehrerin fragt im Scherz, was sie tun müsse, damit er nicht mehr zu ihr in den Unterricht komme. Mohanad ist dagegen ein ruhiger und fleißiger Schüler. Er gehört zu den Besten seines Jahrgangs.

Dass die Kinder gute Leistungen erbringen, ist besonders dem Vater wichtig. Er schärft ihnen ein, dass sie es als sunnitische Muslime immer schwerer haben werden als die Alawiten. Die Assads selbst gehören dieser religiösen Minderheit an. Seit der Machtergreifung durch Hafiz al-Assad im Jahr 1970 haben vor allem die Alawiten profitiert. Bei der Besetzung wichtiger Posten werden sie stets gegenüber anderen religiösen Gruppen bevorzugt. Der Vater macht den Kindern Druck, ordentlich zu lernen, damit sie eines Tages studieren können.

Yousef geht nach der Schule an die Universität und studiert Buchhaltung in Damaskus. Direkt danach, 2010, wird er zum Militärdienst eingezogen. Er lebt von nun an in einer Kaserne in Homs. Sein Alltag ist der Drill: Strammstehen, kilometerlange Läufe am Morgen und am Abend. Seine Familie darf er nach zwei Monaten zum ersten Mal für einen Tag besuchen.

Anfang 2011 kommt es in Syrien im Zuge des Arabischen Frühlings zu ersten Protestaufrufen gegen Baschar al-Assad, Hafiz al-Assads Sohn, der seit dem Jahr 2000 das Land regiert. In der Stadt Daraa demonstrieren Tausende Menschen gegen den Machthaber. Männer, die ursprünglich aus der Region kommen, werden entwaffnet und umgehend aus der Armee entlassen. Yousef und die anderen Soldaten nehmen es hin. Sie haben keine Ahnung, was im Land eigentlich los ist. Die Vorgesetzten in der Armee erklären ihnen, Kräfte von außen versuchten das Land zu destabilisieren. Sie steckten hinter den Demonstrationen und der Bildung der Freien Syrischen Armee. Zum Beweis werden ihnen Patronen gezeigt, die normalerweise nicht von Assads Soldaten benutzt werden. Yousef glaubt alles.

Sein Bruder Mohanad studiert zur selben Zeit an der Universität in Homs Maschinenbau und Elektrotechnik, er lebt nur ein paar Kilometer von Yousef entfernt und doch scheinbar auf einem anderen Planeten. Die Studenten beginnen sich zu spalten, in Assads Gegner und Unterstützer. Mohanad gehört zu Ersteren. Mehrmals geht er nach dem Freitagsgebet auf die Straße, um gegen den Präsidenten zu demonstrieren. Mit seinem Bruder Yousef hat er zu der Zeit regelmäßig Kontakt. Er besucht ihn immer wieder in der Kaserne, manchmal bringt er sogar seine Wäsche zur Reinigung. Doch sie sprechen nicht über die Demonstrationen, darüber, wer da wirklich protestiert. Sie können sich nur im Besucherraum treffen, dort, wo auch andere Soldaten sitzen. Ein falsches Wort über die Demonstrationen oder Assad und die beiden Brüder wären in großer Gefahr.

Im Frühjahr 2012 beendet Yousef seinen Militärdienst, arbeitet aber weiter als Buchhalter bei der Armee. Allerdings nur für ein paar Monate. Weil Soldaten dringend gebraucht werden, soll Yousef wieder dienen. Er weigert sich, denn er hat andere Pläne: Er möchte endlich Geld verdienen, heiraten und eine Familie gründen. Für seinen Ungehorsam kommt Yousef für zwei Wochen ins

Gefängnis. Weil er mittlerweile Offizier ist, wird er nicht gefoltert. Um freizukommen, soll er eine Verpflichtung unterschreiben, in der er sich bereit erklärt, dass er zum Militär zurückkehrt. Schweren Herzens setzt er seinen Namen unter das Dokument.

Im August 2012 bekommt er endlich zwei Tage Urlaub. Die Familie hat angesichts der politischen Lage große Angst. Zu Hause dreht sich mit einem Mal alles um ihn. Die Mutter lässt ihm ein heißes Bad ein. Yousef fühlt sich wie im Paradies. Es wird gegessen, was er sich wünscht. Setzt er sich kurz hin, um Wasser zu trinken, versammelt sich die ganze Familie um ihn.

Am Küchentisch schimpft Yousef auf die Demonstranten, darauf, dass Fremde mit Waffen ins Land eingefallen seien. Dabei sei Assad ein so guter Präsident. Mohanad kann nicht glauben, was er da aus dem Mund seines älteren Bruders hört. »Ich war dabei, ich bin kein Ausländer, ich bin Syrer wie du«, sagt Mohanad zu seinem Bruder. Vor seinen Augen sei ein Freund mit einem Messer attackiert worden, während die Polizei untätig zugesehen habe. Bekannte, die für kurze Zeit im Gefängnis gesessen hätten, hätten ihm von Folter erzählt. Von Fingernägeln und Zähnen, die gezogen worden seien. Von Stromschlägen. Mohanad hasst das Regime und plötzlich sitzt es mit ihm am Esstisch. Sein Bruder kommt ihm auf einmal vor wie sein Gegner. Zwei Tage lang ringen die beiden jungen Männer miteinander. »Diese Regierung lässt auf Zivilisten schießen«, sagt Mohanad. »Das stimmt nicht«, versucht Yousef dagegenzuhalten. Schließlich weiß er nicht mehr, was falsch und was richtig ist. Als der Urlaub vorbei ist, weinen die Eltern. Sie werden ihren Sohn auf unbestimmte Zeit nicht mehr sehen.

Wieder zurück in der Kaserne bekommt Yousef den

Befehl, mit 18 Soldaten in eine bestimmte Region bei Damaskus zu fahren und dort alle Bewohner umzubringen. Es handle sich um Rebellen – mehr erfährt er nicht. Der Oberst rät ihm, sich von seinen Liebsten zu verabschieden. Yousef wird klar, dass er diese Mission möglicherweise nicht überleben wird. Und er denkt an die Worte seines Bruders. Er fürchtet, dass unter den angeblichen Rebellen auch Zivilisten sein könnten. Yousef will nicht töten – und er will nicht sterben.

Er trifft sich mit seiner Cousine Buschra, um sie um Rat zu fragen. Sie sind zusammen aufgewachsen und einander versprochen. Auch sie ist Sunnitin. Yousef muss sich entscheiden, ob er in der Armee bleibt und damit riskiert, zu sterben und möglicherweise Unschuldige zu töten – oder ob er desertiert, worauf in Syrien die Todesstrafe steht. Buschra fängt an zu weinen, fleht ihn an, in der Armee zu bleiben. Damit habe er wenigstens eine kleine Chance zu überleben.

Doch Yousef entscheidet sich anders. Im November 2012 fährt er in eine Stadt im Westen des Landes, die bisher unberührt von den Unruhen geblieben ist. Er versteckt sich in einer Wohnung, die Bekannten gehört. Erst einen Monat nach Yousefs Verschwinden erfährt die Familie, wo er sich versteckt hält.

Yousef geht nicht auf die Straße, nicht mal nachts. Keiner darf wissen, dass er in der Wohnung ist. Durch die Vorhänge des Fensters hält er regelmäßig Ausschau nach Polizisten. Ihn plagt schreckliche Angst, entdeckt zu werden. Er fürchtet sich vor der Folter, vor dem Tod.

Die Tage ziehen gleichförmig vorbei: essen, die weiße Wand anstarren, fernsehen, kochen, essen, schlafen. Er sieht keinen einzigen Menschen. Nicht mal seinen Onkel, der ihm regelmäßig zu einer verabredeten Zeit Lebensmittel vor die Tür stellt. Über WhatsApp schreibt er Buschra, seiner Verlobten. Er gibt sich jedoch einen Mädchennamen, eine Vorsichtsmaßnahme. Wenn Mohanad wissen will, wie es seinem Bruder geht, vergisst er nicht nach der Gesundheit der imaginären fünf Kinder zu fragen.

Mitte 2013 zieht Buschra zu ihrem Bruder, der in den Emiraten wohnt. Vier Monate später schreibt Buschra Yousef einen Brief. Sie könne so nicht mehr weitermachen. Sie glaube nicht daran, dass sie jemals zusammen sein könnten. Yousefs Herz ist gebrochen. Er wird noch mehr als ein halbes Jahr in seinem Versteck ausharren müssen.

Während Angst und Liebeskummer den älteren Bruder zermürben, führt Mohanad in der Küstenstadt Latakia inzwischen wieder ein typisches Studentenleben. Auch er musste Homs im Sommer 2012 verlassen, als die Kämpfe zu heftig wurden. Während draußen geschossen wurde, saß Mohanad im Vorlesungssaal. Die Studenten lebten auf dem Campus. Wer rein- oder rauswollte, riskierte sein Leben. Mohanad spricht nicht gerne über diese Zeit. Die Erinnerung weckt auch das Gefühl der Hilflosigkeit. An einem Tag schrie ein Mann über die Lautsprecher der nahegelegenen Moschee: »Helft Brüder! Hier liegen Verletzte. Helft Brüder!« Doch Mohanad traute sich nicht hinaus.

In Latakia, wo er nun studiert, sind die Kämpfe zwischen der syrischen Armee und den Rebellen weit weg. Die Stadt steht völlig unter der Kontrolle von Baschar al-Assad. Mohanads Vorlesungen sind meist am Nachmittag vorbei. Danach trifft er sich mit Freunden in einem Café, raucht Wasserpfeife oder geht ins Fitnessstudio. Er macht Bodybuilding. Enge T-Shirts spannen sich über einen breiten Rücken und durchtrainierte Arme. Anders als Yousef ist Mohanad keiner Frau versprochen. Er hat mehrere Freundinnen, die meisten sind selbst Studentinnen.

Gemeinsam sitzen sie im Café, schauen sich tief in die Augen, machen einander Versprechungen. Sie erzählen sich, was sie tun würden, sollten sie jemals heiraten – auch auf erotischer Ebene. Da eine scheinbar zufällige Berührung, dort ein flüchtiger Kuss auf die Wange. Aus der Ferne anhimmeln, Gedichte schreiben – Mohanad hat all das getan. Am Ende scheitern die Beziehungen jedoch daran, dass seine Freundinnen heiraten. Wenn er wollte, könnte auch er um die Hand eines Mädchens anhalten. Doch als Student, ohne Wohnung und ohne festes Gehalt, sind seine Chancen gering.

Rumhängen, Sport, Mädchen – Mohanad weiß, dass das entspannte Leben bald vorbei sein wird. Nach seiner Abschlussprüfung im Herbst 2014 droht auch ihm der Militärdienst. Seine Eltern raten ihm die Prüfung um ein Jahr aufzuschieben und länger an der Uni zu bleiben. Doch Mohanad glaubt angesichts der anhaltenden Kämpfe nicht, dass sich die Situation im Land verbessern wird, und beschließt, direkt nach seiner Abschlussprüfung das Land zu verlassen, egal wie, nur weg von diesem Regime, das ihm die Luft zum Atmen nimmt.

Zuerst will Mohanad seinen Bruder Yousef aus dem Land bringen, der sich schon seit über anderthalb Jahren versteckt hält, denn er schwebt jeden Tag in Lebensgefahr. Im Juni 2014 beginnen er und sein Onkel mit den Fluchtvorbereitungen. Es ist Mohanad, der sich bei einem Bekannten erkundigt, ob er Kontakte zu Schleusern habe. Wenige Tage später trifft er einen alten Mann, der Yousef außer Landes bringen soll. Umgerechnet

750 Euro bezahlt Mohanad dafür. Yousef weiß nichts von diesen Plänen. Im August 2014 bekommt er eine Whats-App-Nachricht von seinem kleinen Bruder: In zwei Tagen, sechs Uhr morgens, komme ein Mann mit einem Auto. Er müsse mit ihm mitfahren. »Ich hatte riesige Angst, denn es hätte auch eine Falle sein können«, sagt Yousef. Er kann weder essen noch schlafen, fühlt nur noch Angst. Zum verabredeten Zeitpunkt klopft es an der Tür. Draußen steht ein alter Mann. »Steig in das Auto«, sagt der. Yousef zögert, doch schließlich ist die Hoffnung auf Freiheit größer als die Angst. Yousef gehorcht. Er bekommt einen gefälschten Ausweis, den richtigen Pass hat das syrische Militär einbehalten. Yousef ist jetzt Student. Auf dem Ausweis klebt das Passfoto eines jungen Mannes, der Yousef gar nicht ähnelt. Die Papiere sind zudem zerknittert. Er zweifelt, ob damit die Flucht gelingen kann. »Du musst nur ruhig bleiben, keine Panik«, sagt der alte Mann. Dann fahren sie los.

Vom Protest zum Bürgerkrieg

Syrien ist ein ethnisch-religiöser Flickenteppich. Die Syrer sind mehrheitlich sunnitische Muslime. Dazu kommen große und kleine Minderheiten: Christen, die schiitisch geprägten Alawiten, Drusen und echte Schiiten sowie die Ethnien: An der türkisch-irakischen Grenze leben vor allem Kurden, die sich wie in anderen Ländern als »Nation ohne Land« verstehen und damit immer die mögliche Abspaltung einzelner Landesteile im Hinterkopf haben. In der Wüste leben die Beduinen, denen der Staat gleichgültig ist. Schließlich gibt es noch die Palästinenser, die unfreiwillig seit der Gründung des Staates Israel und den Kriegen in Nahost als Flüchtlinge im Land leben. Nicht zu vergessen sind die Säkularen und Modernisten, die es ablehnen, dass eine Religion die staatliche Ordnung diktiert.[1]

Der Assad-Clan gehört den Alawiten an. Obwohl deren Bevölkerungsanteil vor den Protesten zwischen 10 und 15 Prozent liegt, besetzen sie Schlüsselpositionen im Militär, dem Geheimdienst und den Sicherheitskräften – sie sichern die Macht der Assads. Alawiten wurden gezielt in sunnitisch geprägten Regionen angesiedelt, beispielsweise in Homs. Doch es sind nicht vordergründig religiöse oder ethnische Konflikte, die schließlich zur Rebellion gegen den Präsidenten führen.

Es beginnt mit der Verhaftung von 15 Jugendlichen in der südlich gelegenen Stadt Daraa.[2] »Das Volk will die Regierung stürzen«, hatten sie an die Wand ihrer Schule geschrieben. Anfang 2011 waren in Syrien immer mehr solcher Graffiti aufgetaucht. Innerhalb der Bevölkerung herrscht zu der Zeit große Unzufriedenheit angesichts des riesigen Sicherheits- und Überwachungsapparates, den der Assad-Clan über Jahre hinweg aufgebaut hat. Gleichzeitig leidet besonders die Landbevölkerung nach einer schweren Dürre unter extremer Armut. Ernteausfälle führen dazu, dass Getreide aus dem Ausland importiert werden muss, was wiederum einen Preisanstieg zur Folge hat.[3] Nachdem in Ägypten, Tunesien und Libyen der Arabische Frühling ausbricht, gibt es auch in Syrien erste Anzeichen für Widerstand gegen die Regierung, kleinere Proteste auf die die Behörden mit der Verhaftung von Oppositionellen reagieren. Es sind die Vorfälle in Daraa, an denen sich der landesweite Widerstand gegen die Regierung unter Präsident Baschar al-Assad entzündet.

Die festgenommenen Jugendlichen werden im Gefängnis geschlagen und gefoltert. Ihre Familien bitten um die Freilassung. Mitarbeiter der Behörden sagen ihnen lediglich, sie sollten einfach mehr Kinder zeugen. Wenn sie nicht wüssten wie, könne man ihnen das zeigen. Das ist für die Menschen in Daraa zu viel. Mitte März kommt es in der Stadt zu ersten Protesten. Sicherheitskräfte eröffnen das Feuer gegen die Demonstranten, mindestens vier Menschen sterben.

Das brutale Vorgehen von Polizei und Armee schürt Wut bei der Bevölkerung im ganzen Land. Ende April kommt es in mehreren Städten zu großen Demonstrationen. Bei gewaltsamen Auseinandersetzungen sterben mehr als 70 Menschen. Homs, Daraa und ein Vorort von Damaskus werden abgeriegelt – die Proteste weiten sich dennoch aus. Auch in Aleppo und Hama gehen die Menschen nun auf die Straße und fordern den Rücktritt Assads. Der lehnt diesen Schritt ab, verspricht aber demokratischere Verhältnisse zuzulassen. Angesichts der von Sicherheitskräften ausgeübten Gewalt lässt sich die Bevölkerung jedoch nicht beruhigen. Die Wut wächst.

Tausende syrische Soldaten desertieren und bilden die Freie Syrische Armee. Gleichzeitig entstehen oppositionelle Gruppen, die sich entlang ihrer Herkunft und Religion organisieren. Regimetreue alawitische Extremisten, aber auch sunnitische Milizen heizen die Gewalt weiter an. Im Norden des Landes übernehmen kurdische Milizen die Kontrolle. Aus den Protesten entwickelt sich ein Bürgerkrieg, bei dem es nicht mehr nur um den Sturz von Präsident Assad geht, sondern auch um Macht und Einfluss der jeweiligen Gruppen.

Keine Seite schreckt dabei vor Kriegsverbrechen zurück. Die syrische Armee, aber auch Mitglieder der Rebellengruppen ziehen mordend, folternd und vergewaltigend durch das Land. Assads Regime setzt sogar Chemiewaffen ein.

Während sich die Vereinten Nationen nicht auf ein gemeinsames Vorgehen in Syrien einigen können, gewinnen Terrorgruppen an Einfluss. Der sogenannte Islamische Staat, eine Abspaltung von al-Qaida, erobert im Laufe eines Jahres mehrere Städte, darunter Raqqa. Viele ausländische Dschihadisten schließen sich der Terrorgruppe an. Ende Juni 2014 erklärt der IS die im Irak und Syrien kontrollierten Gebiete zum Kalifat. Als die Terroristen auch noch die Provinzhauptstadt Deir al-Zor erobern, kontrollieren sie ein Drittel der Fläche Syriens. Sie verbreiten Angst und Schrecken. Gegner des IS, darunter auch Kämpfer anderer Rebellengruppen, werden enthauptet oder gekreuzigt.[4]

Der Krieg in Syrien führt zur humanitären Katastrophe: Innerhalb des Landes sind mehrere Millionen Menschen auf der Flucht. Als sich Yousef im August 2014 auf die Flucht begibt, haben bereits fast drei Millionen Menschen das Land verlassen. Die meisten von ihnen leben in der Türkei, Libanon oder Jordanien. Zehntausende versuchen zu diesem Zeitpunkt, sich nach Europa durchzuschlagen.

ZWEI 5000 Kilometer Angst

Die Fahrt führt aus Latakia hinaus, Richtung türkischer Grenze. Bei der ersten Straßenkontrolle muss sich Yousef noch mit aller Macht zwingen, ruhig zu bleiben. Der Fahrer reicht dem Polizisten die Ausweise, in denen auch Geld steckt. Der Beamte gibt die Ausweise zurück, steckt das Geld ein. Yousef liest im Koran, immer wieder murmelt er die Sure Yasin. Sie soll ihn schützen:

> *»Ya-Sin. Beim weisen Koran! Du bist wirklich einer der von Gott Gesandten und befindest dich auf einem geraden Weg. Der Koran ist vom Mächtigen und Barmherzigen als Offenbarung herabgesandt, damit du Leute mit ihm warnst, deren Väter noch nicht gewarnt worden sind, so dass sie nichts Böses ahnen.«*[5]

Seine Familie hat sich zu Hause versammelt, um für Yousef zu beten. Und tatsächlich sieht es zunächst so aus, als stehe er unter dem Schutz Allahs – bei den weiteren Straßenkontrollen ist lediglich Schmiergeld nötig, damit die Soldaten und Polizisten von weiteren Nachfragen absehen. Doch kurz vor dem Ziel scheint die Flucht vorbei zu sein. Bei der letzten Kontrolle gibt ihnen der Polizist das Geld zurück und geht mit den Pässen ins Büro. Dann kommt er zurück und winkt Yousef aus dem Wagen. Er steigt aus, die umstehenden Beamten ergreifen ihn und schlagen auf ihn ein. Sie sagen ihm, der Ausweis sehe komisch aus. Yousef liegt am Boden und versucht sich zu verteidigen, die Papiere seien einfach nur alt. »Du bist Student, du bist einer von den Rebellen«, schreien die Polizisten und schlagen wieder zu. Yousef versichert, ihn interessiere der Konflikt nicht. Wieder bekommt er Schläge. Schließlich steigt der Fahrer des Autos aus, bettelt darum, sie weiterfahren zu lassen. Erst als er mehr Geld anbietet, zerren die Polizisten Yousef zurück zum Auto. Mit einem Tritt befördern sie ihn auf den Rücksitz.

Als Yousef schließlich die türkische Grenze erreicht, hat er eine 18-stündige Autofahrt hinter sich. Tausend Euro sind allein für Schmiergeld draufgegangen – Geld, das Yousefs Familie organisiert hat. Der Fahrer kauft Yousef ein Busticket, er soll zu der türkischen Hafenstadt Mersin fahren, wo Verwandte leben. Er kommt um Mitternacht an. Nach einem kurzen Empfang sinkt er völlig übermüdet ins Bett. Am nächsten Morgen steht er auf, ihn zieht es raus auf die Straße. Er setzt sich auf den Bordstein und beobachtet die Menschen, die vorübergehen. »Ein Jahr und acht Monate habe ich niemanden gesehen. Ich wusste gar nicht mehr, wie unterschiedlich sich die Leute bewegen.« Yousef ist glücklich. Er genießt es, im Café zu sitzen, mit Menschen zu sprechen, die er nicht kennt und die ihn nicht kennen. Die nichts wissen über seine Vergangenheit. Dennoch bleibt Yousef vorsichtig, besonders wenn ihn jemand aus Syrien anspricht. Wieder gibt er sich einen anderen Namen. In die Moschee geht er nicht, aus Angst, dass dort Agenten des syrischen Geheimdiensts herumschnüffeln könnten. Er betet zu Hause und dankt Gott dafür, dass er ihm ein zweites Leben geschenkt hat.

In Syrien besteht Mohanad seine Abschlussprüfung mit 74 Prozent. Sein Diplom wird er von nun an immer an seiner Brust tragen, es ist seine Hoffnung auf eine bessere Zukunft. Im Oktober 2014 ist Mohanad bereit, seinem Bruder zu folgen. Geld, umgerechnet 10 000 Dollar, bekommt er von seinem Vater. Der ist zwar mittlerweile Rentner, betrieb aber jahrelang einen Supermarkt. Als klar wird, dass die beiden Brüder fliehen, verkauft er das Geschäft.

Am Abend vor Mohanads Abreise kommt in Latakia die gesamte Familie zusammen. Gemeinsam essen sie Falafel und Fladenbrot mit Zatar, einer speziellen Gewürzmischung. Die Frauen weinen. Mohanad versucht sich zusammenzureißen. »Als Mann darfst du keine Schwäche zeigen«, sagt er. Er spielt den Zuversichtlichen für die Familie. »Ich habe allen gesagt, wie froh ich sei. Und dass ich jetzt endlich mein Glück machen könne«, sagt Mohanad.

Schon an diesem Abend steht für ihn fest, dass er nicht in der Türkei bleiben will. Sein langfristiges Ziel ist Deutschland. Seit seiner Kindheit begleitet ihn der Gedanke an dieses ferne Land. Familie und Freunde nennen ihn »den Deutschen«, weil er im Gegensatz zum Rest der Familie helle Haut und blonde Haare hat. Bei Fußballweltmeisterschaften jubelt er für die deutsche Nationalmannschaft. Während seiner Studienzeit schwärmen die Professoren von den Bedingungen an deutschen Universitäten. Nach den Vorlesungen arbeitet Mohanad bei einem Getränkehersteller und repariert die Abfüllanlagen. Sie stammen aus Deutschland. Mohanad ist begeistert von der Technologie. Dass wirklich alles so funktioniert wie in der Bedienungsanleitung beschrieben.

Mohanad googelt sich an seinen Computer Deutschland zusammen. Er findet Bilder von München: Zwiebeltürmchen und Alpenpanorama. Der Marienplatz mit dem alten Rathaus. Der Odeonsplatz mit den riesigen Löwenstatuen bei Nacht. »Es sah aus wie in einem Traum«, sagt Mohanad. Er lernt, welche öffentlichen Verkehrsmittel deutsche Städte haben und dass es Autobahnabschnitte ohne Geschwindigkeitsbegrenzungen gibt. Doch am wichtigsten sind Mohanad die Arbeitsbedingungen. Dass man Urlaub bekommt. Dass man sich im Beruf weiterentwickeln kann, unabhängig davon, ob man Alawite oder Sunnit ist.

Beim Abschiedsessen fragen die Verwandten Mohanad immer wieder, ob er jemals zurückkommen werde, sollte sich die Situation verbessern. Um sie zu beruhigen, versichert er, er wolle nirgends lieber wohnen als in seiner Heimat. Doch er denkt nur an *Dreamland* Deutschland, wie er es von nun an nennt. Massenunterkunft, das nervenzerreißende Warten auf den Asylbescheid, Probleme bei der Arbeitssuche und die Sehnsucht nach der Heimat – all das ist zu diesem Zeitpunkt noch weit weg.

Ein Cousin bringt ihn am nächsten Tag mit dem Auto zum Hafen von Latakia. Von dort soll Mohanad mit einem Touristenschiff direkt nach Mersin, wo sein Bruder wohnt, übersetzen. Drei Koffer hat er dabei. Sie sind voll mit Klamotten, aber auch Proviant, der für mehrere Monate gedacht ist. Mitnehmen darf Mohanad letztendlich nur eine Tasche. Er wählt ein wenig Kleidung, Honig und eingelegte Datteln für Notfälle aus. Den Rest nimmt sein Cousin wieder mit nach Hause. Mohanad geht an

Bord. Es dauert Stunden, bis das Schiff den Hafen verlässt. Die Polizei kommt auf das Schiff und sucht nach Deserteuren. Alle jungen Männer werden nach ihren Militärausweisen gefragt. Mohanad hat sich nicht bei der Armee gemeldet und ist damit ein Verräter. Er hat zum ersten Mal Angst. Er legt Geld in seinen Reisepass und gibt ihn dem Polizisten, der kurz darauf zu ihm kommt. Der stellt keine weiteren Fragen. Mohanad schaut zurück auf Latakia. Ihm wird klar, dass er sein Heimatland womöglich für immer verlässt. Dass er seine Familie nie wieder sieht. Mohanad ist völlig allein und zeigt zum ersten Mal Schwäche. Er weint.

In Mersin wartet Yousef auf seinen Bruder. Er steht etwas abseits von den anderen wartenden Syrern, um keinesfalls in ein Gespräch verwickelt zu werden. Immer noch fürchtet sich Yousef davor, entdeckt zu werden – eine Angst, die ihn bis heute begleitet. Als Mohanad das Schiff verlässt, erkennt Yousef ihn kaum. Der kleine Bruder, an den er sich erinnert, hat blonde Haare, trägt eine dicke Brille und ist eher schmächtig. Doch plötzlich steht da vor ihm ein muskelbepackter junger Mann mit rostrotem Haar und Vollbart. Yousef hat sich die ganze Zeit ausgemalt, wie er seinen Bruder begrüßt, mit Umarmungen, Küssen und einem Freudenschrei.

Doch dazu kommt es nicht. Denn Mohanad sieht nur das Polizeiauto, das auf ihn zufährt. Er bekommt Angst und will wegrennen. Yousef packt ihn am Arm und hält ihn fest. »Die denken noch, du hast was angestellt«, sagt er zu seinem kleinen Bruder. Tatsächlich steigen die türkischen Polizisten aus dem Auto, fragen, ob sie Syrer seien. Die Brüder bejahen. »Alles in Ordnung«, sagen die Beamten und fahren wieder. Yousef nimmt Mohanads Gepäck und trägt es nach Hause zu den Verwandten.

Gemeinsam gehen sie in ein Restaurant und Yousef bestellt seinem Bruder ein ganzes Huhn. Er sitzt am Tisch und schaut gebannt zu, wie sein Bruder isst. Endlich wieder zusammen.

Ginge es nach Yousef, würden sie in der Türkei bleiben. Ihm ist nur wichtig, dass er nicht zurück nach Syrien muss. Doch sein Bruder erzählt von seinen Plänen, von Deutschland. »In Deutschland sind alle frei und gleich«, sagt er. Auch wenn Yousef kein so klares Bild von diesem *Dreamland* hat, will er sich nicht von Mohanad trennen und beschließt, ihm zu folgen. Fast den kompletten Oktober verbringen sie mit der Planung ihrer Reise. Ihnen ist klar, wie gefährlich die Überfahrt sein wird. Sie sitzen in Cafés und verhandeln mit Schleppern. Immer wieder müssen sie abwägen, wem sie ihr Leben anvertrauen können. Ihnen ist wichtig, dass die Person, die sie über das Meer bringen wird, Syrer ist wie sie. Am besten aus Latakia.

Der erste Schlepper, dem sie sich anvertrauen, beordert sie nach Istanbul. Die Brüder sollen mit dem Flugzeug aus Adana abfliegen, einer Stadt, die nordöstlich von Mersin liegt. Sie kaufen die Flugtickets, ohne Pass darf Yousef jedoch die Maschine nicht besteigen. Schließlich entscheiden sie sich für den Bus, die Fahrt dauert zwölf Stunden. Wie es von Istanbul aus weitergehen soll, wissen sie nicht. Die erste Nacht verbringen die Brüder im Hotel. Am nächsten Tag sollen sie sich mit dem Schlepper in einem Park treffen. Es könne jederzeit losgehen, hat er ihnen versprochen. Sie warten den ganzen Tag und die ganze Nacht. Es ist mittlerweile Anfang November 2014 – Mohanad liegt im Park auf einer Bank und friert. Er kämpft gegen die Müdigkeit, die ihn immer wieder überfällt, denn er hat Angst, im Schlaf zu erfrieren. Die Brüder rufen Bekannte in Mersin an, die sagen ihnen endlich, was passiert ist. Der Schlepper wurde von der Polizei geschnappt.

Niedergeschlagen und ratlos fahren Yousef und Mohanad zurück nach Mersin. Sie haben umgerechnet ganze 1000 Dollar verloren – minus Lebenshaltungskosten bleiben ihnen nur noch etwa 8000 Dollar. Zu wenig, um zwei Plätze auf einem der Boote zu ergattern, die Europa über das Mittelmeer ansteuern. Doch die Brüder, gerade erst wieder vereint, wollen sich auf keinen Fall trennen. Sie beschließen erst mal in der Türkei zu leben und zu arbeiten, bis sie genügend Geld zusammenhaben. Mohanad versucht sich damit abzufinden, dass sein Traum von Deutschland für Monate oder sogar Jahre nicht in Erfüllung gehen könnte.

Wenige Tage später reißt sie der Besitzer ihres Lieblingscafés aus ihrer Lethargie. Er erzählt Yousef von einem Bekannten, der sein Boot an Schlepper verleiht. Dessen Sohn soll bei der nächsten Fahrt mit an Bord sein. »Wir dachten, wenn der sein eigenes Kind an Bord gehen lässt, muss es sicher sein«, sagt Yousef. Die ersten Verhandlungen scheitern am Geld. Mohanad und Yousef sollen umgerechnet 12 000 Dollar zahlen. Geld, das sie nicht haben. Schließlich kann der Bekannte der Brüder den Schlepper überzeugen. Sie dürfen schließlich für 8000 Dollar an Bord gehen.

Yousef und Mohanad denken bereits an die Zeit nach der Überquerung des Mittelmeers. Dann hätten sie keinen einzigen Cent mehr. Deswegen beschließen sie zu tricksen. 400 Dollar nehmen sie aus dem Geldbündel heraus in der Hoffnung, dass es nicht auffällt. Das Geld müssen sie übergeben, als sie zu einem verabredeten Zeitpunkt einen Bus besteigen. Alles muss sehr schnell gehen – der Schlepper fürchtet die Polizei und greift sich die Geldbündel. Er beginnt zu zählen, hört aber auf, als Yousef ihn unterbricht und fragt, ob alles in Ordnung sei. Mohanad ist da schon zum Bus gelaufen. Der Schlepper wird nervös, steckt das Geld ein und drängt Yousef einzusteigen.

Der Bus bringt die Brüder gemeinsam mit anderen Flüchtlingen zu einem Hotel. Sie wissen nicht, wo sie sind, die Zimmer dürfen sie nicht verlassen. Yousef und Mohanad lernen ein weiteres Bruderpaar aus Syrien kennen, das sie von nun an begleiten wird. Nach zwei Tagen steigen alle wieder in den Bus. Es ist mitten in der Nacht. Auf Umwegen fahren sie drei Stunden bis zum Meer. Sobald auf der Straße Polizisten auftauchen, müssen alle die Köpfe einziehen.

Es ist der 8. November 2014, spät am Abend. Im Hafen wartet ein Motorboot. Damit sollen die Flüchtlinge zu einem größeren Schiff transportiert werden, das versprechen ihnen zumindest die Schlepper. Misstrauen macht sich in der Gruppe breit. Auch Mohanad ist skeptisch. Die Alternative ist allerdings nicht viel besser: Zurück nach Mersin, ohne Perspektive. Die Brüder steigen in das Boot. Tatsächlich erreichen sie nach wenigen Minuten ein Schiff. Doch es ist nicht größer als ein Fischkutter, ungefähr 28 Meter lang, schätzt Mohanad heute. Das kleinere Boot fährt dicht an die Reling heran. Es bleibt keine Zeit, um es festzubinden. Die Passagiere müssen hinüberspringen, jeder will der Erste sein. Wellen klatschen gegen die Außenwände, werfen das kleinere Boot gegen das Schiff. Kinder und Frauen fangen an zu schreien. Die Schlepper rufen immer wieder, dass es schnell gehen müsse. Sie greifen sich die verängstigten Kinder und werfen sie in helfende Arme, die in der Dunkelheit kaum zu sehen sind.

Die italienische Küstenwache zählt später 207 Flüchtlinge an Bord. Jeder versucht so schnell wie möglich unter Deck zu kommen, um noch eine der bereitliegenden Decken zu ergattern. Im Bauch des Schiffes ist es zu eng für so viele Menschen. Sofort bricht der Kampf um die besten Plätze aus. Yousef und Mohanad finden einen Platz im Bug. Alles, was sie jetzt noch besitzen, sind die Sachen, die sie tragen, 400 Dollar, Datteln – und syrischen Honig. Er wird ihnen künftig nicht nur gegen den größten Hunger helfen, sondern auch gegen das größte Heimweh.

Wie die Sardinen liegen sie nebeneinander auf dem Boden. Um die Brüder herum ist es still, selbst die Kinder geben keinen Mucks mehr von sich. Über ihnen allen liegt die schwere Gewissheit, dass sie nicht mehr zurückkönnen. Sie sind Flüchtlinge. Ob sie leben oder sterben, hängt nun von den Launen der See ab und ob das Schiff ihnen standhält.

Das Meer bleibt zunächst ruhig. Doch die Bewegungen des kleinen Schiffes machen Yousef krank. Ab dem ersten Tag muss er sich ständig übergeben. Wohlweislich haben die Schlepper genügend Tüten im Bug des Schiffes verteilt. Mohanad reicht sie seinem Bruder. Mohanad ist selbst seekrank, doch nicht so schwer wie Yousef. Deswegen muss er nach draußen torkeln und die vollen Tüten ins Meer werfen. Yousef ist am dritten Tag so schwach, dass er entweder schläft oder sich erbricht. Wasser und Essen gibt es an Bord ausreichend, aber er kann nichts bei sich behalten. Zweimal am Tag schleppt er sich zum Klo. Wenn sich Yousef heute, mehr als ein Jahr später, daran erinnert, wird daraus eine Slapstickeinlage:

Er torkelt durch sein Wohnzimmer und setzt sich auf eine imaginäre Kloschüssel. Mit einem Arm macht er nach, wie er die nicht verschließbare Tür zuhält, während er sich mit dem anderen an einer unsichtbaren Wand abstützt. »Die Öffnung des Klos ging direkt ins Meer – wenn es also eine Welle gab, dann ist das Wasser direkt an deinen Hintern geschwappt«, sagt er und hüpft hoch, als könnte er das kalte Wasser tatsächlich spüren. »Manchmal kam dann auch dein Geschäft wieder hoch«, sagt Yousef und lacht. Was damals für ihn die Hölle war, ist heute ein guter Witz.

Während der Bruder unten im Bauch des Schiffes vor sich hin vegetiert, versucht Mohanad, frische Luft zu schnappen. Besorgt betrachtet er den verrosteten Schornstein, die schlecht geflickten Risse in der Außenwand. Am fünften Tag gerät das Schiff in ein heftiges Gewitter, wird wild hin und her geworfen. Die Wellen klatschen über die Reling. Wieder schreien die Kinder und Frauen. Mohanad glaubt, dass es jetzt vorbei ist. Er kann zwar schwimmen, doch er hätte nicht mehr genug Kraft, um sich lange über Wasser zu halten. Vor allem ohne Rettungsweste. Doch wie durch ein Wunder übersteht das Boot den Sturm unbeschadet.

Dennoch verschlechtert sich die Situation an Bord. Im Bauch des Schiffes stinkt es mittlerweile unerträglich nach Essen und Erbrochenem. Nach sieben Tagen auf dem Boot bewegt sich Yousef kaum noch. Er glaubt, sterben zu müssen. Sein Bruder sitzt hilflos neben ihm. Auch er erbricht sich mittlerweile regelmäßig und ist schwach. Ein Mann schlägt vor, Yousef zumindest einen Kaugummi zum Kauen zu geben, doch auch den spuckt er wieder aus. Zwischen Wachen und Schlafen spürt er, wie ihm jemand immer wieder die Lippen befeuchtet.

Kurz vor der italienischen Küste setzen sich Kapitän und Besatzung mit einem Beiboot ab. Die Flüchtlinge sind allein. Mithilfe des GPS-Geräts schaffen sie es, ein Notsignal zu senden. Die italienische Küstenwache findet das dahintreibende Boot. Mohanad schleppt sich an Deck. Er sieht ein großes Schiff, das sie umkreist. Ein kleineres Boot kommt auf sie zu. Darin stehen Polizisten in weißen Schutzanzügen, Atemschutzmasken bedecken einen Teil der Gesichter. Die Schuhe sind mit blauer Plastikfolie überzogen. Zwei Männer kommen an Bord. Sie tragen Waffen. Mohanad erscheinen sie wie Menschen von einem fremden Planeten.

Die Polizisten befehlen den Flüchtlingen auf Englisch, an Deck des Schiffes zukommen. Vier Männer helfen Mohanad, seinen Bruder nach oben zu schleppen. Die Polizisten durchsuchen das Schiff. Schnell verderbliche Lebensmittel wie Käse oder Brot werfen sie über Bord – eine Vorsichtsmaßnahme, um sich vor Keimen und Bakterien zu schützen.

Nach ungefähr zwei Stunden beginnen die Polizisten die Menschen mithilfe des Motorboots auf ihr eigenes, großes Schiff zu bringen. Wieder beginnt ein Drängeln und Schieben, doch es passen nur fünf Leute gleichzeitig in das kleine Boot. Die Polizisten schlagen auf die drängelnden Menschen ein. Mohanad und sein Bruder warten bis zuletzt, um nicht auch noch Schläge abzubekommen.

Als sie auf dem großen Schiff ankommen, scheint es sich trotz des Wellengangs überhaupt nicht zu bewegen. Yousef, daran gewöhnt hin und her geschaukelt zu werden, torkelt wie ein Betrunkener über das Deck. Zwei Tage verbringen die Brüder auf dem Schiff. Zu essen gibt es Reis und dazu Wasser. Yousef geht es nach und nach besser und er kann ein paar Löffel Reis zu sich nehmen. Nachts dürfen die Frauen und Kinder unter Deck, doch die Männer müssen sich draußen ein Plätzchen zum Schlafen suchen. Die dünnen Decken, die sie bekommen haben, halten kaum den Wind ab, der über das Schiff hinwegpfeift. Doch immerhin sind Yousef und Mohanad in Sicherheit.

Sie wollen jetzt nichts mehr als mit ihrer Familie sprechen. Yousef hat zwar ein Handy, aber keine internationale SIM-Karte. Eine Frau leiht ihm ihr Mobiltelefon. Als er das erste Mal zu Hause anruft, nimmt keiner ab. Beim zweiten Versuch geht seine Mutter ans Telefon. »Hallo«, sagt Yousef. »Wer ist da?«, fragt sie. Yousef meldet sich zum ersten Mal seit Langem mit seinem richtigen Namen, sagt »Ich bin dein Sohn«. Seine Mutter ist misstrauisch, glaubt, dass der syrische Geheimdienst oder die Armee hinter dem Anruf stecken. »Welcher Sohn?«, fragt sie. »Ich bin dein zweiter Sohn – wir sind in Italien.« Seine Mutter fängt an zu weinen. Yousefs Kehle schnürt sich zu und er legt rasch auf.

Am 17. November 2014 erreicht das Schiff der italienischen Küstenwache einen Hafen der Region Kalabrien. Wo genau, daran können sich die beiden nicht mehr erinnern. An Land warten die Polizei und das Rote Kreuz. In Gruppen werden die Flüchtlinge zu Bussen gebracht. Die Brüder kommen als eine der letzten vom Schiff und Yousef erlebt zum ersten Mal seit Langem Hilfsbereitschaft: Eine ältere Frau kommt auf ihn zu, reicht ihm eine moosgrüne Lederjacke, die er sich überzieht.

Die Sitze im Bus sind mit Plastikbezügen überzogen. Bei ihrem Anblick fühlt sich Mohanad schmutzig. Das letzte Mal haben er und sein Bruder vor neun Tagen geduscht. Die Polizisten im Bus machen ihm Hoffnung: »Wir fahren zu einem Heim, dort könnt ihr was essen und duschen«, antwortet einer von ihnen auf Mohanads

Frage, wohin sie gebracht würden. Doch anschließend sprechen die Polizisten Italienisch, schauen auf die Flüchtlinge und lachen.

Ihm wird schnell klar warum. Der Bus fährt nicht wie versprochen zum Heim, sondern zu einer Polizeistation in der italienischen Stadt Bari. Mohanad und Yousef bekommen Angst. Bekannte in Mersin haben ihnen eingeschärft, in Italien bloß nicht ihre Fingerabdrücke abzugeben. Zu der Zeit greift auch für Syrer noch das Dublin-Abkommen: Nach europäischem Asylrecht ist das Land für die Flüchtlinge zuständig, in dem sie zuerst registriert werden. Flüchtlinge, die Italien oder Griechenland erreichen, fürchten deswegen nichts mehr, als ihre Fingerabdrücke abgeben zu müssen. Selbst wenn sie es bis nach Deutschland oder Frankreich schaffen, können sie zurückgeschickt werden. Zurück in Länder, in der die Situation für Flüchtlinge schon Ende 2014 sehr schwierig ist: Die wenigen Flüchtlingslager sind heillos überfüllt.

Mohanad und Yousef werden in ein Büro geführt. Sie erklären, kein Asyl in Italien beantragen zu wollen, fragen nach einem Anwalt und einem Arzt. Die Polizisten lehnen das ab, fordern die beiden stattdessen auf, ihre Fingerabdrücke abzugeben. Als sie sich weigern, schlagen die Beamten zu. Yousef geht unter den harten Schlägen zu Boden. Er, der früher jede Prügelei gewann, kann sich nicht mehr wehren. Schließlich geben die Brüder ihren Widerstand auf. Ihnen werden Papiere in italienischer Sprache ausgehändigt. Sie wissen nicht, was da steht, unterschreiben aber trotzdem. Dieser Moment der Hilflosigkeit wird besonders Mohanad in den nächsten Wochen verfolgen.

Der Bus bringt die Brüder nach mehreren Stunden zu einem Flüchtlingsheim. Ihr Abendessen besteht aus zwei

Brötchen mit Thunfisch, zwei Äpfeln und einem Glas Saft. Sie duschen und beten zum ersten Mal seit neun Tagen. Sie knien auf ihren Pullovern und Jacken nieder und danken Allah dafür, dass sie es so weit geschafft haben. Ein Bewohner des Heims warnt sie, sie sollten auf ihre Sachen aufpassen, es gebe jede Menge Diebe. Von nun an begleitet Mohanad und Yousef neben der Angst auch noch das Misstrauen. Ihnen wird klar, dass sie keinem mehr trauen können – nicht mal denen, die ihr Schicksal teilen. Bevor sie schlafen gehen, steckt sich Yousef das Geld in die Unterhose.

Am nächsten Morgen stehen die beiden früh auf. Mit dem Zug fahren sie nach Mailand. Der Bahnhof ist ein gigantischer Prachtbau aus den Dreißigerjahren. Geflügelte Pferde neigen ihre Köpfe den Reisenden entgegen. Innen schmücken Löwenköpfe die hellen massiven Wände. Das unterste Geschoss ist ein Labyrinth aus Geschäften: Sneakers von Nike, Cocktailkleidchen von Zara. 2014 wird dieser Ort zur Bühne für die beginnende Flüchtlingskrise.

Hunderte Menschen kommen jeden Tag mit den Zügen an. Mailand ist eine der vielen Stationen auf dem Weg nach Nordeuropa. Treffpunkt der Flüchtlinge ist ein Balkon zwischen Gleisen und Untergeschoss, das Mezzanino. Es ist eine Zwischenwelt: Helfer verteilen Wasser und Essen. Ein Mann lässt sich auf einem Pappkarton zum Beten nieder. An einer anderen Ecke fischen zwei Frauen Kleidung aus einer großen Plastiktüte. Gleichzeitig eilen Reisende zu ihren Zügen. Sie schieben ihre kleinen Rollkoffer an abgewetzten Taschen vorbei. Vorbei an Kindern, die auf einer roten Decke mit Bauklötzen spielen.

An einer Pappwand hängen mehrere Schilder. Darauf stehen auf Italienisch und auf Arabisch Sätze, die hilfreich sein könnten: »Wo kann ich eine Telefonkarte kaufen?« – »Wo bekomme ich ein Ticket her?« An der Wand hängt auch eine große Europakarte. Davor stehen Yousef und Mohanad und suchen ihren Weg Richtung *Dreamland* Deutschland. Sie sind nicht die Einzigen, die dieses Ziel haben. Mitten in Deutschland klafft auf der Karte ein großer Riss. Zu viele Finger sind an der Stelle schon über das Papier gefahren.

Mailand ist nur ein Zwischenstopp auf dem Weg nach Deutschland oder Schweden. Helfer haben eine Karte aufgehängt, um Orientierung zu geben.
Foto: Daniel Hofer

Am Bahnhof treiben sich mittlerweile viele Schlepper herum. Schilder der Helfer warnen vor Betrügern. Es kursieren Gerüchte, dass Flüchtlinge schon nach wenigen Kilometern Fahrt einfach irgendwo in der Pampa ausgesetzt wurden. Dennoch wollen es Mohanad und Yousef versuchen. Sie finden einen Schlepper, der verspricht die Brüder und einen älteren Syrer nach Deutschland zu bringen, für insgesamt 200 Euro. Während der

Fahrt murmeln Yousef und Mohanad gemeinsam die
Sure Yasin:

»Aber nun ist ja das Wort der Vorherbestimmung an den
meisten von ihnen in Erfüllung gegangen, so dass sie nicht
glauben. Wir haben ihnen gleichsam die Hände in Fesseln
an den Hals getan, und die gehen ihnen bis zum Kinn, so
dass sie den Kopf krampfhaft hochhalten und in ihrer Tä-
tigkeit gehemmt sind. Und wir haben gleichsam vor ihnen
einen Wall errichtet, und ebenso hinter ihnen, und sie da-
mit von vorne und von hinten zugedeckt, so dass sie nichts
sehen.«[6]

Doch gleich an der Schweizer Grenze wird ihr Auto von
einem Polizisten angehalten. Er wünscht auf Englisch
einen Guten Abend und fragt nach Pässen. Mohanad und
Yousef sind vor Schreck ganz still. Der ältere Mann beginnt auf Arabisch zu schimpfen. »Jetzt ist es vorbei«,
sagt er.

Wieder landen die Brüder in einer Polizeistation. Sie
müssen sich komplett ausziehen, die Polizisten untersu-
chen alle Körperöffnungen. Einer der Beamten erklärt,
dass es sich um reine Routine handle. Doch Mohanad ist
es bis heute unangenehm, davon zu erzählen. Er wird rot
vor Scham, wenn er daran zurückdenkt. Weil er gut Englisch spricht, wird Mohanad getrennt von Yousef in
einem Nebenzimmer von den Polizisten eingehend ver-
hört. Sie nehmen ihn mit einer Kamera auf, wollen wissen, wo und wie sie an den Schlepper geraten sind und
wie viel die Fahrt kostet. Nach dem Verhör spricht eine
Dolmetscherin mit Mohanad und rät ihm, in der Schweiz
Asyl zu beantragen. Doch der lässt sich nicht von seinem
Ziel abbringen: Deutschland.

Mohanad wird im Polizeiauto zu einem Flüchtlingsheim gebracht. Er glaubt zunächst im Gefängnis gelandet zu sein. Er tritt durch mehrere Tore, die sich wie von selbst öffnen und schließen. Grelles Licht beleuchtet jeden Winkel und überall stehen Polizisten. Im Heim trifft er wieder auf seinen Bruder. Yousef hatte panisch nach Mohanad gesucht, keiner konnte ihm sagen, wo er war.

Am nächsten Morgen bringt die Polizei die Brüder zur italienischen Grenze. Sie müssen zurück, zurück nach Mailand. Als sie mit dem Zug dort ankommen, ist es schon spät. Sie entscheiden sich in einer der Zeltstädte zu schlafen, die die Stadt Mailand hat aufbauen lassen. In der Nacht dringt die kalte Luft durch die dünnen Planen. Mohanad und Yousef frieren. Es gibt keine Duschen, nur Waschbecken, an denen sie sich notdürftig das Gesicht reinigen. Sie wollen nur weg.

Zu dieser Zeit kommen bereits Hunderte Flüchtlinge mit Zügen aus Italien nach Deutschland. Von Mailand fahren sie nach Verona und von dort weiter mit dem Eurocity nach München. Die Polizei in Italien und Österreich hat die Grenzkontrollen verschärft und holt jeden, den sie erwischt, noch vor der Grenze aus dem Zug. Die Flüchtlinge stranden anschließend wieder in Mailand und warten auf die nächste Gelegenheit. Auch Yousef und Mohanad wollen es jetzt mit dem Zug probieren. Doch sie haben nur einen Versuch. 200 Euro sind noch in der Reisekasse – sollten sie scheitern, wären sie pleite.

Die Angst davor drückt Mohanads Schultern nach unten. Sie lässt ihn flüstern. »Was ist da los?« Seit einer halben Stunde wartet er vor dem verglasten Ticketschalter auf die Fahrkarten, die jeweils 80 Euro kosten. Der Mann hinter dem Schalter verschwindet immer wieder, telefoniert, kommt zurück, fängt an die Tickets zu drucken, schmeißt sie weg. Mohanad könnte sich lautstark beschweren. So wie der junge Mann nebenan, der sagt: »Das ist der schnellste Zug? Ernsthaft?«, könnte er fragen: »Was ist das Problem?« Doch Mohanad bleibt stumm.

Der Verkäufer hinter dem Ticketschalter fragt auf Englisch: »Haben Sie auch einen Pass? Nicht für mich, aber falls sie kontrolliert werden.« »Ja«, antwortet Mohanad. Neben ihm steht, grauhaarig, ein anderer Syrer, Issa, und richtet den Blick auf die weiße Decke mit den Neonröhren. »Inschallah«, sagt er leise. »So Gott will.« Schließlich überreicht der Verkäufer die Tickets und entschuldigt sich für die Verzögerung. »Der Drucker hat gesponnen.«

Mehrere Syrer schließen sich Mohanad und Yousef an, ihre richtigen Namen wollen sie nicht nennen. Jeder hat einen anderen Wunsch, der sich in Deutschland erfüllen soll. Yassin will einen Master in Jura machen. Er ist 21 Jahre alt. Sein Bruder, Farid, begleitet ihn. Mahmoud wurde in einem syrischen Gefängnis das Bein gebrochen. Er humpelt leicht und hofft auf eine Operation. Die Frau von Issa lebt im Libanon. Er will sie nachholen, sobald er Asyl bekommen hat. Sein jüngstes Kind hat er noch nie gesehen.

Es ist Freitagmorgen, der 21. November 2014. Auf dem Mezzanino bauen die ersten Helfer einen Klapptisch auf. Die kleine Gruppe steht fast allein auf der Terrasse. Auf den marmornen Bänken liegen Taschen und Plastikbeutel. Mohanad und Yousef haben ihre wenigen Habseligkeiten in die rosafarbene Tasche von Issa gepackt. Mohanad trägt einen grauen Pullover mit V-Ausschnitt, darüber eine sportliche Jacke. Das rote Haar hat er nach hinten gestrichen. Der Bart ist gestutzt. Nur wer genau hinschaut, sieht die weißen Ränder von getrocknetem

Schweiß auf der schwarzen Jeans oder die kaputten Soh-
len der Sportschuhe. Sein Bruder fällt mit den schwarzen
Lederschuhen, dem grauen Strick-Schal und der braunen Jacke kaum auf zwischen den vorbeihastenden Ge-
schäftsmännern. Sie alle haben sich Sonnenbrillen besorgt, hoffen, so als Italiener durchzugehen. Denn die, so
zumindest das Gerücht, trügen überall Sonnenbrillen.

Mohanad ruft mit dem Handy eines Freundes seine
Mutter an. »Sie hat nur geweint. Ich habe ihr gesagt, dass
es mir gut geht.« Eine Lüge. In Wirklichkeit macht sich
Mohanad große Sorgen. Denn einer ihrer Bekannten war
am Vortag nach Deutschland aufgebrochen und hat es
nicht geschafft. »Wir spüren nichts als Sorge und Angst«,
sagt er. Im Zeltlager haben sie alle gemeinsam gebetet
und die Sure Yasin rezitiert, auf dass sie der Grenzpolizei
entwischen:

> »Es ist gleich, ob du sie warnst, oder nicht. Sie glauben so
> oder so nicht. Du kannst mit deiner Botschaft nur jemand
> warnen, der der Mahnung folgt und den Barmherzigen
> im verborgenen fürchtet. Dem aber verkünde, dass er der-
> einst Vergebung und vortrefflichen Lohn zu erwarten hat!
> Wir allein machen die Toten wieder lebendig. Und wir
> schreiben auf, was sie früher getan, und die Spuren, die sie
> mit ihrem Lebenswandel hinterlassen haben. Alles haben
> wir in einem deutlichen Hauptbuch aufgezählt.«[7]

Die Männer greifen sich ihr Gepäck. Mohanad und
Yousef tragen die rosafarbene Tasche. Mit der Rolltreppe
verlassen sie die Zwischenwelt, das Mezzanino. Sie gelangen zu den Gleisen. Die Angst treibt sie zum Zug,
bloß nicht stehenbleiben. Auf der Plattform ist keine
Polizei zu sehen, dennoch ist die Furcht vor ihr ständig

Yousef (links) und Mohanad (rechts) auf dem Weg zum Zug. Foto: Daniel Hofer

präsent. Als könnte plötzlich ein Carabinieri wie aus dem Nichts auftauchen und sie kontrollieren. Dann wäre die Reise vorbei, bevor sie überhaupt angefangen hat. Geld, Träume – alles futsch.

Im Zug ist fast jeder Platz besetzt. Die Gruppe hat zwar reserviert, doch Mohanad und Yousef sind die Einzigen, die zusammensitzen können. Yousef wippt nervös mit dem Bein, schaut sich immer wieder um. Die Brüder teilen ihr restliches Geld auf, für den Fall, dass sie getrennt werden.

Der Zug rollt langsam aus dem Bahnhof. Eine ältere Dame strickt am Kragen eines lilafarbenen Pullovers. Vorsichtig nimmt sie mit der Nadel die Maschen auf. Daneben sitzt ein Pfarrer, der hinter seiner vorgehaltenen Mütze am Handy spricht. Mohanad und Yousef starren aus dem Fenster. Wenn sie reden, dann nur leise. Doch bis Verona kommt nicht mal ein Schaffner, um die Fahrkarten zu kontrollieren.

Der Zug hält auf Gleis vier. Direkt gegenüber soll der EC nach München abfahren, in zwei Stunden. Die Männer unterhalten sich und träumen von der neuen Heimat. »Wo sind die besten technischen Unis in Deutschland?«, fragt Mohanad. »Wo kann ich Jura studieren?«, fragt Yassin. Er würde gerne in Deutschland heiraten, sagt er. »Ich würde für meine Frau kochen, die Teller waschen, kein Problem.« Er lacht und lacht. Die Sonne scheint ihm ins Gesicht.

Dann kommt die Angst zurück. »Ich habe gehört, dass es in München ein Lager für Syrer gibt, aus dem man nicht mehr rauskann«, sagt Issa. »Ich muss es nach Deutschland schaffen. Ich habe nur noch 150 Euro.« Er führt den Zeigefinger zum Mund und dann zur Stirn, schaut hinauf zum Himmel. »Inschalla«, sagt er.

Yassin spielt auf seinem Handy Candy Crush, um sich abzulenken. Sein Bruder Farid läuft das Gleis rauf und runter. Mohanad macht Inventur. Aus seiner Jackentasche holt er seinen syrischen Pass, das Ticket, sein zerknittertes Diplom, einen Keks mit Kirschfüllung und eine Packung Zucker.

Noch eine Stunde, bis der Zug fährt.

Mohanad zeigt Bilder von seinem Facebookprofil. Sie zeugen von seinem Leben vor der Flucht. Er in Badehose auf einem gelben Felsen sitzend, unter ihm das Meer. »Das ist Latakia, da war ich mit Freunden schwimmen.« Ein anderes Bild zeigt ihn im Fitnessstudio, beim Klimmzug. Die Muskeln bilden riesige Beulen. »Jeden Tag war ich im Fitnessstudio. Ich war richtig stark.« Mohanad bläst die Backen auf. 15 Kilo hat er auf der Flucht verloren.

Langsam schiebt sich der Zug an das Gleis heran. Die Männer greifen nach ihren Taschen, Mahmoud humpelt voran. Wieder ein Großraumabteil, wieder sitzen nur

Yousef und Mohanad zusammen. Yousef zieht sich eine Sonnenbrille auf und schläft mit dem Kopf an die Wand gelehnt sofort ein. Mohanad schließt die Augen erst, als der Pfiff des Schaffners ertönt.

Vor dem Fenster ziehen braune, zerklüftete Felsen vorbei. Mohanad hat nur ein paar Minuten geschlafen, jetzt schaut er aus dem Fenster. »Schön«, sagt er. Yousef schläft mit leicht geöffnetem Mund, die Arme verschränkt.

Noch zweieinhalb Stunden bis zur österreichischen Grenze. Erst dort, glauben die Brüder, könnten sie in eine Polizeikontrolle geraten. »Wie lange wird der Zug da stehen? Nur bis alle zugestiegen sind?« Im Fahrplan stehen zehn Minuten Aufenthaltszeit. »Reicht das für eine ausführliche Kontrolle?«

»Nächster Halt Trento«. Die Ansage kommt auf Italienisch, Englisch und Deutsch. Noch zwei Stunden bis zur Grenze. Die Tür des Abteils öffnet sich und vier Polizisten betreten den Gang, darunter eine Beamtin in deutscher Uniform. Langsam gehen sie durch die Sitzreihen. Sie schauen flüchtig auf die Gesichter der Reisenden, bleiben stehen. »Sprechen Sie Italienisch? Englisch? Syrer? Papiere? Gepäck? Mitkommen!« Ein junger Mann mit raspelkurzen Haaren steht auf. Die Polizisten warten geduldig, bis er seine Plastiktüte aus dem Gepäckfach geholt hat. Dann verlassen sie mit ihm zusammen das Abteil.

Yassin, der nur ein paar Sitze weiter sitzt, hält sich eine italienische Zeitung vor das Gesicht. Er trägt eine Sonnenbrille. Fast sieht er wie ein Süditaliener aus. Die Polizisten kommen zurück. Sie bleiben vor Yassins Bruder Farid stehen. »Sprechen Sie Italienisch? Englisch? Papiere? Gepäck? Mitkommen!« Er steht auf. Auf dem Gang schaut Farid zurück. Yassin rührt sich nicht, starrt

auf die Wörter, die er nicht versteht. Hinter der Sonnenbrille sammeln sich Tränen. Der Zug hält in Bozen.
Yassins Bruder muss aussteigen. Draußen warten schon
zwei italienische Beamte.

Die Streife kommt zurück. Mohanad schließt die Augen,
als wolle er nicht sehen, was nun passiert. Die Polizisten
stehen vor Yassin. Die deutsche Polizistin spricht ihn auf
Italienisch an. Yassin versteht sie nicht. Sie wechselt ins
Englische. »Tut der so, als ob er Zeitung lesen würde – ich
habe mich schon gefragt, wann der mal fertig ist«, sagt
einer der Polizisten mit österreichischem Dialekt. Yassin
nimmt die Sonnenbrille ab und packt seine Sachen. Als
der Zug in Brixen hält, steht er draußen auf dem Bahn-
steig und schaut durch das Fenster auf Mohanad. Doch
der stellt sich schlafend. Seine Finger krallen sich an dem
kleinen Tisch vor ihm fest. Er keucht: »Oh Gott.« Yousef
rührt sich nicht.

Dann geht alles schnell. Die Polizisten kommen wieder in das Abteil, stellen sich vor Issa und Mahmoud.
»Syrer? Papiere? Gepäck? Mitkommen!« Der österreichische Polizist geht zu Yousef, rüttelt an seinem Bein.
»Schläft der?« Yousef nimmt die Sonnenbrille ab. Auf
die Frage nach seinen Papieren schüttelt er den Kopf.
Mohanads Augen sind immer noch geschlossen, er rührt
sich nicht, als sein Bruder aufsteht. So haben sie es
ausgemacht: Wer es durch die Kontrolle schafft, soll einfach weiterfahren. Yousef ist es egal, ob er in Deutschland oder Italien lebt – die Hauptsache ist, dass er nicht
zurück nach Syrien muss. Denn dort wartet der Tod. Also
folgt er den Beamten bereitwillig. Doch dann zeigt ein
italienischer Polizist auf Mohanad und fragt: »Was ist mit
ihm?«

Noch 15 Minuten bis zu österreichischen Grenze.

Auf dem schwankenden Gang zwischen den Waggons stehen Issa, Mahmoud, Mohanad und sein Bruder Yousef. »Wir verstehen Ihre Situation«, sagt die Polizistin auf Englisch. »Aber das, was Sie vorhaben, ist illegal – wir machen nur unseren Job.« »Bitte«, sagt Issa. »Wir machen nur unseren Job«, wiederholt die Polizistin immer wieder höflich. Am Brenner steigen die Polizisten mit der Gruppe aus. »In Syrien gibt es nur Ärger und hier auch«, ruft Issa. Er schaut zum Himmel. »Los«, sagen die italienischen Polizisten. »Schnell.« Issa und Yousef greifen nach den Henkeln der Reisetasche.

Da ist der Moment, vor dem Mohanad sich gefürchtet hatte, und er ist vollkommen hilflos. Er ist ganz still, seine helle Haut ist fast weiß. Er glaubt, seine Flucht wäre hier zu Ende. Doch es kommt anders.

Eine Woche später, Ende November 2014, sitzt Mohanad in seinem Zimmer in einem Asylbewerberheim in Nordrhein-Westfalen. Er kann es kaum fassen. »Es geht uns so gut. Ich bin so glücklich. Mein Bruder ist glücklich.« Per WhatsApp schreibt Yousef ihrer Mutter, dass sie angekommen seien: »Das Essen ist gut. Unser neues Leben fängt jetzt an.« Nur die Wahrheit erzählt er nicht. Warum das so lange von Italien nach Deutschland gedauert habe, fragt sie. Yousef schreibt zurück, dass sie sich vorher noch die Schweiz und Österreich anschauen wollten. »Und wie war die Schweiz?«, fragt die Mutter. »Sehr schön. Wir haben es sehr genossen«, antwortet Yousef. Er tut so, als seien sie nicht auf der Flucht gewesen, sondern im Urlaub. Mohanad lacht laut und hoch.

Sein Bruder, er und Issa haben es geschafft. Sie sind in Unna-Massen. In einem Asylbewerberheim für Flüchtlinge östlich von Dortmund, fünftausend Kilometer von Syrien entfernt. Mohanad ist davon so überwältigt, dass es ihm schwerfällt, die letzten Tage zu rekonstruieren, den Weg vom Brenner in den Ruhrpott, teilweise klingt es sogar unglaublich angesichts dessen, dass Italien, Österreich und Deutschland bereits schärfer gegen Flüchtlinge vorgehen. Davon zeugen auch die internationalen Streifen, die durch die Züge patrouillieren.

Eigentlich hätte die österreichische Polizei die Syrer in den nächsten Zug zurück nach Italien setzen müssen. Doch stattdessen rät ihnen ein Beamter, mit einem Bummelzug nach Innsbruck zu fahren und dann weiter nach Deutschland. Zwei Stunden wartet die kleine Gruppe in einem McDonald's am Bahnhof auf ihren Zug. Sie trinken Kaffee und versuchen sich zu beruhigen nach all den Strapazen. Doch als einer von ihnen von der Toilette zurückkehrt, sagt er, Polizisten würden sie beobachten. Die Gruppe beschließt, sich zu trennen, um nicht aufzufallen. Als der Zug schließlich kommt, steigen nur drei von ihnen ein: Yousef, Mohanad und Issa – Mahmoud hat die Polizei geschnappt und zurück nach Italien geschickt.

In Innsbruck steigen die Männer in einen Intercity. Sie finden ein leeres Abteil, setzen sich hinein, ziehen die Vorhänge zu und löschen das Licht. Wieder stellen sie sich schlafend. Sie hören, dass jemand durch den Zug geht, Türen werden aufgeschoben – schließlich auch ihre. »Hallo«, sagt eine Frauenstimme. Die Männer reagieren nicht. Dann wird Mohanad angetippt. Er öffnet die Augen und vor ihm stehen ein Mann und eine Frau in Uniform. »Wir sind von der Polizei«, sagt die Beamtin auf Englisch. »Welche Polizei«, fragt Mohanad. »Deutsche Polizei«, bekommt er als Antwort. »Wirklich«, er kann sein Glück kaum fassen. Die Polizistin zeigt ihm ihre Dienstmarke. Mohanad fragt, wo sie seien. »In

Deutschland.« Er kann es nicht glauben und lacht vor Freude. Die Polizistin lächelt. Die Beamten bringen die drei Männer nach Rosenheim auf ihre Wache. Sie werden durchsucht, müssen sich erneut komplett ausziehen.

Die Beamten nehmen auch Fingerabdrücke. Nach Italien schicken sie die Gruppe jedoch nicht zurück. Die jungen Männer glauben, dass ihre Spuren verwischt sind. Ein Irrtum, wie sich später herausstellt. Die Polizisten behalten die Pässe ein, um sie an die Ausländerbehörde zu schicken, bei der die Syrer später vorsprechen müssen. Die Flüchtlinge bekommen Ersatzdokumente. Normalerweise müssten sie sich bei der nächsten Erstaufnahmestelle melden, doch die drei fahren weiter nach Düsseldorf und dann nach Dortmund. Sie haben gehört, dass dort noch nicht so viele Flüchtlinge leben sollen. Eines von vielen Gerüchten. Denn Nordrhein-Westfalen gehört bereits im Herbst 2014 zu den Bundesländern, die mit am meisten Flüchtlinge aufnehmen.

Eine Nacht müssen sie in der Erstaufnahmeeinrichtung in Hacheney verbringen. Sie sind zu sechst in dem kleinen Zimmer. Wieder werden sie gewarnt, auf ihre Sachen aufzupassen. Sie duschen kurz, waschen ihre Unterhosen und legen sie zum Trocknen über Nacht auf die Heizung.

Am nächsten Tag müssen sich Yousef und Mohanad kurz voneinander trennen. Mit einem Bus werden zunächst Mohanad und Issa nach Unna-Massen transportiert. Das Flüchtlingsheim ist eine Ansammlung mehrerer zweistöckiger Häuser, die gelb angestrichen sind. Das Gelände sieht aus wie eine Wohnsiedlung. Einen Zaun gibt es nicht.

Weil es schon spät am Abend ist und die Kantine bereits geschlossen hat, bekommen sie ein Lunchpaket, ein Käsesandwich und einen Apfel. Doch Mohanad ist etwas anderes viel wichtiger als Essen. Er liebt es zu duschen – und im Unterschied zu Hacheney gibt es in den Badezimmern in Unna-Massen geschlossene Duschkabinen. Er ist fast ungestört. Minutenlang stellt er sich unter den Wasserstrahl, dreht das heiße Wasser auf, bis es dampft. Dann geht er ins Bett und schläft bis in den nächsten Tag hinein. In der Nacht kommt auch Yousef an und bittet gleich bei der Anmeldung darum, bei sei seinem Bruder wohnen zu dürfen. Jetzt sind sie zu dritt.

Um mit der Familie in Kontakt zu bleiben, kaufen Yousef und Mohanad von ihrem letzten Geld eine internationale SIM-Karte für Yousefs Handy. Sie schreiben der Familie mehrmals am Tag: »Was isst du?«, »Was machst du?«, »Wie geht es deinem Bruder?«, fragt die Mutter. Doch zwei Tage nach der Ankunft ihrer Söhne in Unna-Massen ist sie merkwürdig einsilbig. Yousef und Mohanad spüren, dass etwas nicht stimmt. Doch genauso, wie sie ihre Mutter nicht mit den Strapazen ihrer Flucht beunruhigen wollen, will ihre Mutter ihre Kinder nicht verunsichern. Sie schreibt, es sei alles in Ordnung. Irgendwann rückt sie doch mit der Sprache heraus: Der älteste Bruder und der Vater seien von der Polizei verhaftet worden. Warum, wisse sie nicht. Die Brüder vermuten, dass es ihretwegen sein könnte. Dass die Polizei wissen wolle, wo die Jungs steckten. Sie sitzen in Unna-Massen und wieder ist die Angst ihr Begleiter.

Und dann kommen Flüchtlinge

Das Mittelmeer ist für viele Europäer ein beliebter Urlaubsort. Zu Tausenden liegen sie im Sommer an den Stränden. Auf Kreuzfahrtschiffen versuchen sie den Alltag hinter sich zu lassen. Für Menschen aus den Krisengebieten in Afrika und dem Nahen Osten bietet das Mittelmeer einen Fluchtweg. Zu Tausenden wagen sie die gefährliche Überfahrt, in der Hoffnung auf ein besseres Leben in Europa. Schlepper nutzen ihre Notsituation aus, pferchen sie auf klapprigen Kähnen und kleinen Schlauchbooten zusammen und verlangen dafür ein Vermögen. Eine Garantie zu überleben gibt es nicht.

Für viele Flüchtlinge wird das Mittelmeer zum feuchten Grab: Im Oktober 2013 versinkt vor der Küste der italienischen Insel Lampedusa ein Kutter. 366 Menschen sterben. Während die anderen EU-Staaten über ihre gemeinsame Flüchtlingspolitik diskutieren, entscheidet sich Italien die Seenotrettung auszubauen. Im Rahmen der Mission Mare Nostrum patrouillieren Schiffe der italienischen Marine und der Küstenwache sogar nahe der libyschen Grenze. Ihre Aufgabe ist es, Flüchtlingsboote zu orten und die Besatzung ans italienische Festland zu bringen. Mare Nostrum kann nicht verhindern, dass weitere Flüchtlinge auf dem Mittelmeer sterben: Ende August 2014 ertrinken vor der Küste Libyens 170 Insassen eines Flüchtlingsbootes. Und im September tauchen Berichte auf, wonach Schleuser vor Malta ein Schiff mit 500 Menschen an Bord versenkt haben sollen.[8] Und doch können dank Mare Nostrum innerhalb eines Jahres 150 000 Menschen gerettet werden.[9] Trotzdem entscheidet sich Italien, die Mission einzustellen. Die Regierung in Rom ist nicht mehr bereit, die monatlichen Kosten von 9,3 Millionen Euro zu bezahlen und die Europäische Union will sich nicht finanziell beteiligen.

Mare Nostrum wird am 1. November 2014 von der Operation Triton abgelöst, die unter Führung der Grenzschützer von Frontex steht. Mithilfe von Triton sollen vor allem die Außengrenzen der EU überwacht werden. Schiffe, Flugzeuge und Helikopter patrouillieren von nun an in Küstennähe.[10] Mit drei Millionen Euro Budget monatlich steht der Operation weniger Geld zur Verfügung. Aktivisten kritisieren, dass die Seenotrettung eine geringere Rolle spielt, obwohl mehr Flüchtlinge nach Europa drängen. Laut der Internationalen Organisation für Migration haben 2015 mehr als eine Million Menschen Europa über das Mittelmeer erreicht – damit hat sich die Zahl gegenüber 2014 verfünffacht. Die meisten stammen aus den Krisengebieten Syrien und Eritrea. Tausende Menschen ertrinken.[11]

Die meisten Flüchtlinge betreten zum ersten Mal in Griechenland oder Italien europäischen Boden – nach hiesigem Asylrecht sind sie für die Neuankömmlinge zuständig. Doch Griechenland und Italien sind überfordert mit der Situation. In den Asylbewerberheimen herrschen katastrophale Zustände. Deswegen ziehen die Flüchtlinge weiter Richtung Norden. Über den Brenner oder die Balkan-Route erreichen sie erst Österreich, dann Deutschland. Bayern ist besonders betroffen von der zunehmenden Zahl von Flüchtlingen, die von Italien aus nach Deutschland aufbrechen. Durch das Schengen-Abkommen gab es jahrelang keine Kontrollen zwischen Deutschland und Österreich, ein Umstand, der Flüchtlingen hilft, illegal die Grenze zu überqueren. Doch mit dem Anstieg der Flüchtlingszahlen nehmen die Kontrollen im Jahr 2014 wieder zu. Internationale Streifen, die bereits in Italien oder Österreich patrouillieren, halten diejenigen zurück, die bereits in anderen EU-Ländern registriert wurden. Dennoch holen die Beamten der deutschen Bundespolizei täglich Dutzende Flüchtlinge aus Zügen, Omnibussen oder Kleintransportern, die die deutsche Grenze überquert haben.

Nach der Registrierung werden sie in Erstaufnahmeeinrichtungen untergebracht. Ende August 2014 verhängt Bayern einen vorläufigen Aufnahmestopp für Flüchtlinge. Die Bayernkaserne, eine Erstaufnahmeeinrichtung in München, musste immer wieder wegen Überfüllung geschlossen werden. Im Herbst 2014 müssen Menschen auf der Wiese vor dem Gebäude schlafen.[12] Mehrere Flüchtlinge treten in München in den Hungerstreik, sie fordern ein Bleiberecht sowie eine menschenwürdige Unterbringung.

Innerhalb Deutschlands werden Flüchtlinge nach dem »Königsteiner Schlüssel« aufgeteilt. Reiche Bundesländer und solche mit vielen Einwohnern nehmen mehr auf als andere. Spitzenreiter ist Nordrhein-Westfalen. Das Bundesland ist verpflichtet rund 21 Prozent aller Asylbewerber in Deutschland aufzunehmen.[13] Das Bundesland ächzt unter dem plötzlichen Ansturm. Hacheney ist eine von zwei Erstaufnahmeeinrichtungen in Nordrhein-Westfalen. Im Herbst 2014 treffen hier an manchen Tagen 900 Flüchtlinge ein.[14] Eigentlich sollen sie nach der beschwerlichen Flucht zur Ruhe kommen, doch oft werden sie lediglich für wenige Stunden »zwischengeparkt«, bevor sie in ein anderes Heim kommen.

Die Zahl der Asylanträge steigt deutschlandweit drastisch an: Hatten 2013 noch 127 023 Menschen ein Bleiberecht in Deutschland beantragt, waren es im darauf folgenden Jahr 202 834. Besonders die Zunahme syrischer Flüchtlinge hat maßgeblich zu dem Anstieg beigetragen.[15] Innerhalb der großen Koalition kommt es zu ersten Spannungen. Innenminister Thomas de Maizière fordert, eine Obergrenze einzuführen. Doch Politiker von der SPD und den Grünen halten dagegen. Bundeskanzlerin Angela Merkel äußert sich vorerst nicht zu dem Thema.

DREI   Warten, warten, warten

Mohanad und Yousef schreiben ihrer Mutter in den nächsten Stunden nur, wenn sie allein sind. Keiner der anderen Asylbewerber im Heim, soll mitbekommen, dass sie Probleme haben. Dass sie sich um ihre Familie sorgen. Sie fürchten sich vor Spionen, die nach ihnen suchen könnten. Nach Yousef, dem Deserteur. Angst und Panik lassen sie nicht mehr klar denken. Wenn Yousefs Telefon klingelt, nehmen sie nicht ab. Sie befürchten, der syrische Geheimdienst könnte sie abhören. Und als sie dann doch kurz abnehmen, sagt Mohanad nur: »Wir können gerade nicht sprechen. Etwas Schlimmes ist passiert.«

24 Stunden nach dem Schock erreicht sie schließlich per WhatsApp die erlösende Nachricht: Die Polizei hat den Vater und den ältesten Bruder wieder freigelassen. »Alles gut«, schreibt die Mutter. Was die Beamten wollten, ob die beiden verprügelt oder gefoltert wurden, dazu sagt sie nichts. Yousef und Mohanad fragen auch nicht nach. Sie sind nur froh darüber, dass ihrer Familie nichts Schlimmes passiert ist. Die Angst fällt vorübergehend von ihnen ab. An deren Stelle tritt in den nächsten Tagen

allmählich ein neues Gefühl: Langeweile. Mohanad und Yousef sind zwar endlich an ihrem Ziel angelangt, haben ein Bett zum Schlafen, bekommen zu essen, sind gesund. Sie sind dankbar für die Hilfe. Doch was sollen sie mit der vielen Zeit anfangen, die sie jetzt plötzlich haben? Bis auf die drei Mahlzeiten am Tag gibt es keinerlei Ablenkung. Keinen Fernseher, kein Radio, keinen Computer und Yousefs Handy ist mittlerweile so kaputt, dass sich schwer damit im Internet surfen lässt. Sie trauen sich auch nicht das Gelände zu verlassen, weil sie jederzeit damit rechnen müssen, in ein anderes Heim verlegt zu werden.

Langeweile ist für die beiden Brüder nach all den Strapazen eine völlig neue Erfahrung, mit der sie unterschiedlich umgehen. Mohanad schläft bei dem grauen Novemberwetter meist bis in den Tag hinein, sodass er das Frühstück häufig verpasst. Manchmal bringt Yousef ihm Brötchen und ein bisschen Marmelade aufs Zimmer. Eigentlich ist das nicht erlaubt. Dem Aufsichtspersonal erklärt er dann mit Händen und Füßen, dass sein Bruder krank sei. Er könne nicht aufstehen. Ein Trick, der meistens funktioniert.

Nach dem Essen macht Mohanad Liegestütze. Oder geht auf dem Gelände spazieren, eine Kaffeetasse in der einen, die Zigarette in der anderen Hand. Er bleibt für sich. Viele der anderen Asylbewerber im Heim kommen aus Syrien, dem Irak oder nordafrikanischen Ländern, wie Eritrea oder Algerien. Sie sind über Griechenland in die EU eingereist, oder über Italien, wie Yousef und Mohanad. Wenn er mit ihnen spricht, gibt es nur ein Thema: Dublin. Mohanad muss immer daran denken, dass sie auf der italienischen Polizeiwache ein Papier unterschrieben haben, von dem sie nicht wissen, was darauf stand. Möglicherweise haben sie mit ihrer Unterschrift Asyl beantragt. Was, wenn sie aus ihrem *Dreamland* wieder verjagt und zurück nach Italien geschickt werden? Dann wäre alles umsonst gewesen. Für Mohanad ein unerträglicher Gedanke.

Immer wieder fragt er die anderen: »Muss ich zurück, wenn ich Fingerabdrücke abgegeben habe? Wie war das bei euch?« Die Antworten sind unterschiedlich. Mal wurden Flüchtlinge nach Italien abgeschoben, mal nicht, obwohl sie ihre Fingerabdrücke abgegeben und ein Dokument unterschrieben hatten, das sie nicht verstanden. Doch die Informationen basieren vor allem auf Gerüchten: »Ein Bekannter von mir hat gehört, dass ...« Je nach Häufigkeit der einen oder anderen Antwort, geht es Mohanad besser oder schlechter.

Unna-Massen ist nur eine Zwischenstation für Flüchtlinge. Von hier werden sie wieder auf andere Heime verteilt. Mohanad bemerkt, dass andere, die später als er und sein Bruder in Unna-Massen angekommen sind, schneller verlegt werden. Er glaubt, es gebe ein Problem. »Hat es was mit Dublin zu tun? Wann werden wir verlegt?«, fragt er die Mitarbeiter in der Unterkunft auf Englisch. Die bitten ihn, abzuwarten, eine harte Prüfung für jemanden, der von Natur aus ungeduldig ist.

Mohanad beginnt in den nächsten Tagen, vor sich hin zu grübeln. Nichts macht ihm mehr Freude, auch nicht Fußballspielen. Er raucht zu viel und brütet im Zimmer über eine unsichere Zukunft.

Yousef ist dagegen glücklich. Das Einzige, was ihn stört, ist, dass es keine Eier zum Frühstück gibt, sondern nur Brötchen, Nutella, Honig oder Marmelade. Yousef mag es am Morgen lieber herzhaft. Er streift durch die Unterkunft. Yousef spricht schlecht Englisch, doch er findet immer einen Weg, sich mit den anderen zu verständigen, zur Not mit Händen und Füßen. Er lacht viel.

An der Anmeldung arbeitet eine ältere Dame aus Marokko, die Arabisch spricht. Wenn Sie Zeit hat, geht sie mit Yousef spazieren. Wenn die Marokkanerin Yousef verabschiedet, will sie ihm Gesundheit wünschen. Doch sie spricht das arabische Wort so aus, dass es für Yousef eine andere Bedeutung bekommt: »Ich wünsche dir Feuer.« Yousef lacht immer von Neuem darüber. Einmal bietet sie ihm an, ihre Tochter zu heiraten, und gibt Yousef sogar deren Handynummer. Seit der Trennung von Buschra hat er eigentlich nie aufgehört übers Heiraten nachzudenken, es ist sein größter Wunsch. Er nimmt die Nummer, verliert sie jedoch später. Vielleicht ist es doch noch nicht der richtige Zeitpunkt.

Yousef freundet sich mit einem Mann aus Eritrea an, der ein bisschen Arabisch spricht. Der Eritreer sieht, dass Yousefs Schuhe mittlerweile Löcher haben und schenkt ihm sein zweites Paar. Der ist verblüfft. »Du bist mein Bruder«, sagt der Eritreer.

Nach zwei Wochen werden Yousef und Mohanad schließlich nach Wickede-Wimbern verlegt, östlich von Dortmund. Dort leben 500 Flüchtlinge in einem ehemaligen Krankenhaus. Hier sollen die Brüder bleiben, bis sie ihren Asylantrag gestellt haben. In den Zimmern wohnen sechs bis acht Personen zusammen. Doch die Brüder haben Glück. Yousef und Mohanad kommen in den Teil des Heimes, der für Familien vorgesehen ist. Sie haben das der marokkanischen Freundin von Yousef zu verdanken. Sie hat sie auf die entsprechende Liste gesetzt. Mohanad glaubt an einen Irrtum und will die Mitarbeiter im Heim darauf hinweisen, doch Yousef sagt, es sei besser, bei den Familien zu bleiben. Die Beschwerde eines anderen Flüchtlings, der mit ihnen verlegt wurde, ignoriert er. Yousef und Mohanad beziehen ein kleines Zimmer.

Sie sind weit weg von den Problemen im anderen Teil der Asylunterkunft. Die Bewohner erzählen ihnen von Diebstählen. Davon, dass einige auf den Zimmern rauchen, obwohl es verboten ist. Springt der Feuermelder an, rückt die Feuerwehr an. Manche machen angeblich extra Stress, damit sie schneller verlegt werden.

In der Kantine lernen Yousef und Mohanad einen jungen Mann kennen, der in der Küche hilft. Sie könnten auch arbeiten, erklärt der ihnen. Sie müssten nur die Mitarbeiter im Flüchtlingsheim ansprechen. Die Brüder sind froh über jede Beschäftigung und werden für die Kleiderkammer eingeteilt: Sie arbeiten jeden Tag sechs Stunden, sortieren Klamotten für Frauen, Männer und Kinder. Zehn Euro bekommen sie dafür. Außerdem dürfen sie sich selbst Kleidung raussuchen. Bisher hatten sie nur das, was sie aus Italien mitgebracht haben: Unterhosen, jeweils einen Pullover, eine Hose und insgesamt drei Jacken, die jetzt, mitten im Dezember, nicht mehr warm genug hielten. War etwas schmutzig, wuschen sie es per Hand und legten es in der Nacht auf die Heizung zum Trocknen.

Mohanad findet eine dicke Winterjacke, auch noch in Rot – seine absolute Lieblingsfarbe. Die Brüder probieren Pullover und Hosen, vieles passt. Mit Schuhen wird es jedoch schwieriger, da nur wenige abgegeben werden.

Die anderen Bewohner des Asylbewerberheimes dürfen sich nur zu bestimmten Terminen Kleidung abholen. »Ich brauche eine Jacke«, bittet einer. Obwohl es Yousef nicht erlaubt ist, bringt er ihm eine. Egal ob Araber oder Albaner – er verschenkt Pullover, Hosen und Kinderkleidung an jeden, der ihn fragt. Mohanad jedoch hat ein schlechtes Gewissen. Eine Mitarbeiterin im Heim teilt ihn auf seinen Wunsch hin für die Wäscherei ein. Er stopft die Bettwäsche in Waschmaschinen, dann zieht er die feuchten Stoffknäuel wieder heraus und steckt sie in den Trockner. Wenn das seine Mutter sehen könnte, ihr verwöhnter Sohn wäscht die dreckige Wäsche anderer.

Am 15. Dezember holt ein Bus Mohanad, Yousef und weitere Flüchtlinge ab, um sie nach Dortmund zu fahren. Sie haben einen Termin für eine Anhörung bei der Ausländerbehörde. Was ist mit Dublin? Wieder kommt bei Mohanad diese Frage hoch. Sie macht ihm immer mehr Angst.

Der Flur vor den Türen der Sachbearbeiter ist voll. Überall stehen kleinere Gruppen von Flüchtlingen zusammen. Alle Sitzplätze sind belegt. Mohanad und Yousef warten stundenlang. Aus den Türen treten Flüchtlinge, die gerade interviewt wurden, und Dolmetscher, die bei der Übersetzung geholfen haben. »Was haben sie gefragt? Was ist mit Italien? Was ist mit Dublin?«

Schließlich ruft einer der Dolmetscher Mohanads Namen. Er tritt in einen Raum, in dem zwei Tische stehen. An einem sitzt bereits ein anderer Mann und Mohanad steuert den an, der noch frei ist. Vor ihm sitzt eine Sachbearbeiterin am Computer. »Wie heißen Sie? Wo kommen Sie her? Welche Stadt?«, fragt der Dolmetscher auf Arabisch. Die Antworten übersetzt er auf Deutsch. Die Mitarbeiterin tippt sie in den Computer ein. »Haben Sie in einem anderen EU-Land Fingerabdrücke abgegeben?« Mohanad zögert. Er denkt daran, dass er vielleicht zurück nach Italien muss, wenn er die Frage bejaht. Doch er kann auch nicht lügen. »Ja«, sagt er schließlich. Dann sprudelt es aus ihm heraus: »Bekomme ich jetzt Probleme? Schicken Sie mich zurück?« Mohanad hatte gehofft jetzt endlich eine klärende Antwort zu bekommen. Doch stattdessen sagt die Sachbearbeiterin, sie sei nur dazu da, Informationen aufzunehmen. Entscheiden würden andere. Nach einer Viertelstunde ist das Gespräch vorbei und für Mohanad steht am Ende lediglich die Erkenntnis: Er muss weiter warten.

Yousef werden ähnliche Fragen gestellt. Ob er Menschen getötet habe, fragt der Sachbearbeiter, nachdem er von der Armeevergangenheit erfahren hat. Yousef antwortet mit Nein. Um Dublin macht er sich nicht so viele Sorgen wie sein Bruder. Ob er nun in Deutschland oder Italien lebt, ist ihm egal – Hauptsache, er muss sich nicht verstecken und Angst haben, getötet zu werden.

Am 23. Dezember, einen Tag vor Weihnachten, verlassen Mohanad und Yousef schließlich Wickede-Wimbern. Ein kleiner Bus fährt mehrere Städte an. Namen werden aufgerufen, Männer und Frauen packen ihre Sachen und steigen aus. In Oelde ist schließlich Endstation für die Brüder. Sie greifen sich ihre Koffer. Vor ihnen steht das Rathaus, ein moderner Bau aus rotem Backstein und großer Glasfassade. Ihr erster Gang führt sie zum Sozialamt. Ein Sachbearbeiter zeigt ihnen eine Karte von Oelde. Die Kleinstadt nahe Münster mit 30 000 Einwohnern soll ihre neue Heimat werden. Oelde ist ein niedlicher, sehr aufgeräumter Ort, mit alten Fachwerkhäusern und Backsteinbauten. Eine kleine Einkaufsstraße zieht sich einmal längs durch die Stadt. Im Sommer ist sie gesäumt von ordentlich gestutzten Bäumchen und liebevoll bepflanzten Blumenrabatten. Im Herzen der Stadt steht die katholische Kirche mit ihrem kleinen gotischen Türmchen. In Oelde gibt es mehrere Restaurants und Bars, ja sogar ein eigenes Brauhaus – doch nach Ladenschluss ist in der Innenstadt kaum noch was los. Wer Spaß haben will, der fährt mit dem Zug nach Gütersloh oder Münster.

Rathaus, Volkshochschule, Bank – der Sachbearbeiter zeigt ihnen verschiedene Punkte auf der Karte. Alles liegt sehr nah beieinander. Die Unterkunft für Flüchtlinge befindet sich mitten in einem Wohngebiet, wo sich Einfamilienhäuschen mit kleinen Gärten aneinanderreihen. Die Innenstadt ist fünf Gehminuten entfernt. Der Hausmeister fährt die Brüder mit dem Auto hin. Mohanad stehen vor einem weiß verputzten zweistöckigen Haus. Eine kleine Treppe führt zu einer massiven Holztür. Rechts und links stehen kahle Rosenbüsche. Drin gibt es nur zwei Zimmer – das rechte bewohnt eine syrische Familie. Links lebt ein junger Syrer, den Mohanad und Yousef in Unna-Massen kennengelernt haben. Sie werden von nun an zu dritt in einem Zimmer wohnen. An den Wänden stehen braune Metallbetten. Es gibt ein Bad und eine Küche zur gemeinsamen Nutzung. Der Hausmeister drückt den Brüdern den Schlüssel für die Haustür in die Hand. Jeder bekommt ein Paket: Bettwäsche, Handtücher, einen Teller, einen Becher und einen Topf. Grundausstattung für Neu-Oelder.

Mohanad und Yousef können ihr Glück kaum fassen. Sie hatten erwartet wieder in einer Massenunterkunft wohnen zu müssen, jetzt leben sie praktisch in einer eigenen Wohnung mit ein paar Mitbewohnern. Dass die Freiwillige Feuerwehr direkter Nachbar ist und nachts schon mal die Sirene losgehen könnte, stört sie nicht.

In den ersten Tagen kommen ein paar Nachbarn vorbei, um Blumen oder Schokolade als Willkommensgeschenke zu überreichen. Einer von ihnen hat ein Papierschild dabei: »Willkommen in Deutschland«, steht dort auf Arabisch und Deutsch. Die Jungs hängen es in der

Küche auf. Manche geben ihnen ihre Telefonnummern für den Notfall. Eine Familie erzählt, dass man in Gütersloh in einem Großmarkt günstig einkaufen könne und bietet an, die Jungs hinzufahren. Bei Yousef und Mohanad hat es zunächst nur Reis gegeben, den ihr Zimmernachbar gekocht hat. Alle drei legen jetzt ihr Geld zusammen, die Brüder haben vom Sozialamt 100 Euro bar auf die Hand bekommen. Im Supermarkt kaufen sie Grundzutaten wie Salz, Pfeffer, Kartoffeln, Müsli, Marmelade, Eier, aber auch Leckereien, die sie sich so lange versagen mussten. Thunfisch und Hähnchenschenkel beispielsweise. Die schieben sie am Abend in den Backofen, bis sie knusprig braun sind, dazu gibt es Kartoffeln. Die Jungs legen Vorräte an und verteilen untereinander die Aufgaben. Yousef kocht. Ihr Zimmernachbar und Mohanad müssen putzen. Yousef filmt seinen kleinen Bruder dabei, wie er im Waschbecken Pfannen und Töpfe schrubbt, in Jogginghosen und mit Kopfhörern auf dem Kopf. Er dreht sich um, als er merkt, dass er gefilmt wird, und lacht in die Kamera. Yousef schickt das Video seiner Familie.

Die Brüder bekommen ein eigenes Konto. Jeden Monat erhalten sie jeweils 330 Euro, ein Teil wird ihnen überwiesen, den Rest müssen sie im Rathaus abholen. Yousef verwaltet das Geld, sie haben eine Kasse, in die jeder so viel einzahlt, wie er kann. Yousef geht davon einkaufen und versucht möglichst zwei Wochen im Voraus zu planen. Einmal die Woche gehen die jungen Männer zur Tafel, um Lebensmittelspenden abzuholen: Joghurt, Kartoffeln und Obst.

Yousef und Mohanad sind vordergründig glücklich. Sie nennen ihre Unterkunft liebevoll Hexenhäuschen und freuen sich über die Hilfsbereitschaft der Menschen.

»Die Deutschen sind so nett«, sagt Mohanad. Die Brüder beten fünfmal am Tag. Statt eines Gebetsteppichs benutzen sie eine weiße Spitzentischdecke, auf der sie barfuß niederknien. Am Abend sitzen sie mit den anderen in der Küche unter dem grellen Neonlicht, lachen und reden bis in die Nacht hinein oder spielen Skat. Ins Bett gehen sie meist erst gegen vier Uhr nachts. Dann lassen sie die Rollläden vor den Fenstern herunter – und vor zwölf Uhr am nächsten Tag werden sie auch nicht geöffnet.

Anfang Januar 2015 leiht sich Mohanad Geld von seinem Zimmernachbarn, um sich endlich ein eigenes Handy kaufen zu können. Gemeinsam mit seinem Bruder ruft er zu Hause in Syrien an. »Hallo Mutter«, sagt er. Wie so oft muss sie weinen vor Sehnsucht nach ihren Söhnen. »Uns geht es gut«, versichert Mohanad. Doch wieder sagt er nicht die ganze Wahrheit. Er macht sich weiterhin Sorgen über eine mögliche Abschiebung nach Italien. Jeden Tag warten er und der Zimmernachbar auf ihre Papiere. Der Dritte will seine Familie nachholen, die in Jordanien in einem Flüchtlingscamp lebt. Seine Frau ist schwanger.

Mohanad tritt einer Facebookgruppe bei, in der alle möglichen Flüchtlings-Themen diskutiert werden. Er sucht nach Meldungen zum Dublin-III-Verfahren. Er liest von einem Asylbewerber aus Berlin, der nach Italien abgeschoben wurde. Mohanad beschreibt seinen Fall, fragt um Rat. »Du musst auf jeden Fall zurück«, antworten ihm andere. »Geh gleich von selbst, warte nicht darauf«. Mohanad fängt wieder an zu grübeln. Er sitzt im Zimmer auf dem quietschenden Bett, googelt, liest, zerbricht sich den Kopf. Am 23. Januar erreicht ihn die Nachricht, vor der er sich so sehr gefürchtet hat. Das Bundesamt für Migration und Flüchtlinge schreibt in einem

Brief, dass das sogenannte Dublin-Verfahren gegen ihn eingeleitet wurde. Das heißt, die Abschiebung sei möglich, wenn Italien zustimme. Dableiben oder die Vertreibung aus dem *Dreamland* Deutschland – die Chancen dafür stehen jetzt 50:50. Über die Facebookgruppe findet Mohanad einen deutschen Anwalt, der ihm nur wenig Hoffnung macht. Auf Englisch erklärt er, Mohanad müsse sehr wahrscheinlich zurück. Soweit er wisse, seien bereits Tausende Flüchtlinge nach Italien und Ungarn abgeschoben worden. Er solle sich auf ein ähnliches Schicksal einstellen. Eine Zukunft in *Dreamland* Deutschland scheint wieder unerreichbar.

Doch Mohanad will sich nicht damit zufriedengeben. In der Facebookgruppe findet er den Kontakt zu einer weiteren Anwältin. Sie kommt aus Syrien und hat bei syrischen Flüchtlingen einige Bekanntheit, weil sie in Deutschland regelmäßig gegen das Assad-Regime demonstriert und Menschenrechtler in der Heimat unterstützt. Ihr vertraut Mohanad seinen Fall an. Sie verspricht, Mohanad auf dem Laufenden zu halten. Doch es folgen Wochen qualvollen Wartens, die Mohanad sehr zusetzen und ihn an den Rand seiner Belastbarkeit bringen. Nur sein Bruder und die Unterstützung neuer Freunde können Schlimmeres verhindern.

Willkommen in Deutschland

Wer Asyl in Deutschland beantragen will, muss das persönlich in einer Erstaufnahmeeinrichtung tun. Dort gibt es Außenstellen des Bundesamts für Migration, deren Mitarbeiter über Asylanträge entscheiden. Während der Anhörung bei der Ausländerbehörde muss der Betroffene für seine Zukunft entscheidende Fragen beantworten: Was sind die Gründe für die Flucht – und was würde bei einer Rückkehr passieren, beispielsweise. Während des Gesprächs wird ein schriftliches Protokoll angefertigt, das als Grundlage für die Entscheidung über einen Asylantrag dient. Der Asylbewerber muss den Mitarbeitern des BAMF glaubhaft machen, dass eine »begründete Furcht vor Verfolgung« besteht, beispielsweise aufgrund von Rasse, Nationalität, Religion, politischer Überzeugung oder der Zugehörigkeit zu einer bestimmten sozialen Gruppe (Homosexualität). Droht im Herkunftsland die Todesstrafe oder unmenschliche Behandlung, kann das Amt den Asylbewerber unter »subsidiären Schutz« stellen.[16] Doch zuvor muss er das Dublin-Verfahren überstehen. Über eine Europäische Datenbank können die Mitarbeiter des BAMF nachprüfen, wo der Betroffene in die EU eingereist ist – vorausgesetzt, er wurde dort registriert. Theoretisch kann Deutschland ihn dann dorthin abschieben, in der Realität geschieht das jedoch immer seltener. 2015 sank die Zahl der sogenannten Dublin-Überstellungen auf 3597. Im Jahr zuvor waren noch 4772 Menschen in andere europäische Länder rückverteilt worden.[17]

Aufgrund der zunehmenden Zahl der Asylanträge kommen die Mitarbeiter des BAMF kaum mit der Bearbeitung hinterher. Gleichzeitig müssen neue Unterkünfte gebaut werden. Flüchtlinge als Nachbarn – nicht überall reagiert man mit Offenheit und Neugier darauf. In mehreren Städten formiert sich Ende

2014 Widerstand. Anhänger rechter Parteien und Gruppen machen Stimmung, teils mit den üblichen Parolen: Bei den Flüchtlingen handle es sich um Kriminelle und Asylbetrüger. Doch zu damaligen Gegenprotesten in mehreren Berliner Bezirken und Hamburg finden sich auch sogenannte »besorgte Bürger« ein, Anwohner, die ausdrücklich keine Rassisten sein wollen. »Ich habe nichts gegen Flüchtlinge, aber …«, so der Leitsatz. Ihre Argumente sind immer gleich: Die Grundstückspreise könnten sinken, der Bezirk werde abgewertet, so mancher fürchtet knappe Kita-Plätze oder überfüllte Schulklassen. Im Hamburger Villenviertel Harvestehude erklären die Anwohner, für die Flüchtlinge sei kein billiger Supermarkt in der Nähe.[18] Außerdem sei das Grundstück, das die Stadt für den Bau habe kaufen müssen, viel zu teuer. Die angebliche Sorge ist nur geheuchelt, denn am Ende ging es den »besorgten Bürgern« um sich selbst. »Das sind vor allem Menschen, die fürchten, durch Migranten etwas zu verlieren«, sagt der Gewaltforscher Andreas Zick.[19] Aber es fühlten sich auch Menschen bedroht, die bisher wenig Erfahrung mit Flüchtlingen hätten, so Zick. Er meint den Osten. Weit weg vom Hamburger Villenviertel, mitten in Dresden manifestieren sich die sogenannten »besorgten Bürger« in der Bewegung Pegida. Zu Tausenden versammeln sie sich montags zu »Abendspaziergängen«, um gegen angebliche Überfremdung und Islamisierung zu demonstrieren – und das in einem Bundesland, in dem der Migrationsanteil zum damaligen Zeitpunkt gerade mal bei drei Prozent liegt.

Inmitten dieser ohnehin aufgeheizten Stimmung mehren sich zudem Meldungen über Angriffe auf Flüchtlingsheime. Mitte Dezember 2014 brennen in einer bayerischen Kleinstadt drei Gebäude ab, in denen Asylbewerber untergebracht werden sollten. Wenige Meter entfernt steht auf einer weißen Wand »Kein Asylat (sic!) in Vorra.« Dazu hat der Verfasser zwei Hakenkreuze gemalt.[20]

Die Amadeu-Antonio-Stiftung und Pro Asyl zählen für 2014 153 Angriffe auf Flüchtlingsheime, zudem werden in 77 Fällen Flüchtlinge tätlich angegriffen.[21] Dies allein Pegida zuzuschreiben würde zu kurz reichen. Dennoch lässt sich nicht von der Hand weisen, dass der Amadeu-Antonio-Stiftung zufolge rassistische Pöbeleien im Zuge der islamkritischen Demonstrationen zugenommen haben.

Bundeskanzlerin Angela Merkel warnt in ihrer Neujahrsansprache zum Jahr 2015 vor einer Spaltung des Landes. »Es kommt darauf an, denen nicht zu folgen, die mit Kälte oder gar Hass in ihren Herzen ein Deutschsein allein für sich reklamieren und andere ausgrenzen wollen«, sagt sie. Gleichzeitig lobt sie das »großartige bürgerschaftliche Engagement«. Tatsächlich stellen sich auch viele Deutsche immer mehr die Frage, wie sie helfen können. Freiwillige sortieren Kleiderspenden oder geben privat Deutschkurse. Wieder andere entscheiden sich sogar Flüchtlinge bei sich zu Hause aufzunehmen. Besonders wichtig sind Freizeitangebote, damit vor allem die Kinder und Jugendlichen die Möglichkeit haben aus ihrer Unterkunft herauszukommen. Einige Sportvereine bieten mittlerweile Aktivitäten speziell für Flüchtlinge an. Sie haben Merkels Appell verinnerlicht.

VIER   War alles umsonst?

Zusammengekauert sitzt Yousef an dem hellbraunen Tisch. Wenn er nach vorne zur Tafel schaut, dann bleibt sein Kopf gesenkt, die Augen schauen ängstlich zu der runden Frau mit der braunen, lockigen Mähne. Die erste Deutschstunde Anfang Februar 2015. Eigentlich hatte Yousef sich darauf gefreut – endlich Abwechslung, endlich eine Beschäftigung, die ihm dieses fremde Land näherbringen wird. Doch die Unrast seines Bruders macht ihm Sorgen.

Auch er weiß mittlerweile, dass das Dublin-Verfahren gegen ihn eingeleitet wurde. Ihm ist nicht so wichtig, was aus ihm wird. Deutschland, das ist der Traum seines Bruders. Ihn leiden zu sehen, bricht ihm fast das Herz. »Merhaba«, »Hallo«, eine Frauenstimme reißt ihn aus seinen Gedanken. Die Deutschlehrerin lächelt ihn an. Yousefs Augen blitzen auf vor Freude. »Sie sprechen Arabisch?«, fragt er und richtet sich langsam auf. Die Lehrerin stellt sich als Naima Dami vor, 52 Jahre alt.

Naima stammt ursprünglich aus Marokko. Sie hatte dort ein gutes Leben, arbeitete als Biologin und verdiente nicht schlecht. Sogar ein eigenes Auto konnte sie sich leisten. Weil sie noch nicht verheiratet war, lebte sie bei ihren Eltern. Es gab einige Männer, die Naima zur Frau nehmen wollten. Doch sie lehnte einen nach dem anderen ab, weil sie um ihre Freiheit fürchtete. »Wartest du auf jemand Bestimmtes?«, fragte ihr Vater ungeduldig. Da antwortete ihm seine damals 26-jährige Tochter, dass sie ins Ausland gehen wolle, nach Deutschland. Ihr Ziel war es, an einer Universität zu studieren und von den deutschen Frauen zu lernen. In ihrer Heimat genossen sie einen guten Ruf, galten als tough und selbstbewusst. Naima wollte so werden wie sie. Ihr Vater willigte ein, nahm ihr aber das Versprechen ab, nach einem Jahr zurückzukehren. 1990 kam sie nach Münster und begann dort Geologie zu studieren. Als das Jahr vorüber war, stellten sie ihre Eltern vor die Wahl: Entweder sie käme nach Hause oder suche sich einen Job und verdiene ihr eigenes Geld. Naima entschied sich für Letzteres. In einer Privatschule unterrichtete sie Französisch. Anschließend machte sie zusätzliche Weiterbildungen, sodass sie schließlich Sprachkurse für Erwachsene in Arabisch, Französisch und Deutsch geben konnte.

Seit 2009 unterrichtet sie an der Volkshochschule in Oelde. Mit Flüchtlingen hatte sie in der Vergangenheit immer wieder zu tun. Doch in ihren Kursen saßen bisher meist Männer und Frauen aus Eritrea oder Algerien. Als sie auf die Liste für ihren neuen Kurs schaut, entdeckt sie zum ersten Mal gleich mehrere arabische Namen.

Und sie sieht Mohanad vor sich sitzen, kreidebleich, verschlossen. Dann blickt sie zu Yousef, sie sieht seine Angst und beschließt sie ihm zu nehmen. »Merhaba«, sagt sie zu ihm.

Die Klasse ist sehr durchmischt – Syrer sitzen zwischen Polen, Russen, Spaniern. In der ersten Stunde lernen alle sich vorzustellen: »Ich heiße …«, »Ich komme aus …«. Reihum müssen sie sich begrüßen und sich gegenseitig Fragen stellen. Mohanad und Yousef sind überrascht. Sie hatten gehofft erst mal das deutsche Alphabet zu lernen, das sich stark von dem arabischen unterscheidet. Die Brüder haben auch Angst, dass die anderen Kursteilnehmer besser als sie sein könnten. Doch die ersten drei Stunden Deutschunterricht sind hart für alle.

Am nächsten Tag müssen sich wieder alle begrüßen und vorstellen. Yousef trägt einen dunklen Pullover, darunter ein Hemd. Das schwarze Haar ist mittlerweile so lang, dass er es nach hinten kämmen muss. »Mein Name ist Yousef. Isch komme aus Syrien. Isch bin funfundzwanzig Jahre und ledig.« Die ganz Klasse fängt an zu lachen. Nicht weil es Yousef schwer fällt das »ü« auszusprechen, sondern weil die meisten von seinem Plan, bald zu heiraten, wissen. Der setzt noch einen drauf: »Isch wohne in Oelde, meine Telefonnummer …« Alle prusten. »Das ist unser Clown«, sagt Naima, seine Lehrerin. Sie schließt Yousef sofort ins Herz. Für sie ist er wie ein offenes Buch, er zeigt, ob er fröhlich oder wütend ist. Und Yousef bewundert Naima für ihre Stärke und Direktheit.

Im Unterricht macht Yousef Scherze und unterhält sich mit allen. Er lernt, wie man sich in anderen Sprachen begrüßt. »Privet«, sagt er zu den Russen im Kurs. Yousef ist sofort beliebt.

Anders sein jüngerer Bruder. Der knüpft zunächst keine Kontakte. Naima lächelt er zwar charmant an und sagt freundlich »Guten Morgen«. Doch was in ihm vorgeht, kann in dem Moment keiner sagen. Dafür wird er schnell einer der Besten im Kurs. Sobald er etwas Neues lernt, will er es sofort umsetzen. Er versucht Sätze zu bilden, die für die anderen noch viel zu schwierig sind. Mohanad hat einen großen Vorteil. Durch sein Studium, ist er es gewohnt, neue Dinge zu lernen und Hausaufgaben zu machen. Darin hat Yousef keine Übung mehr. Ihm fällt es schwer sich lange auf das Lernen zu konzentrieren, so wie den meisten im Kurs. »Uiuiuiuiuiui. Ich werde das nie schaffen«, sagt er zu Naima. Besonders schwierig findet er die Artikel: der, die, das. Er versteht nicht, warum es DAS Mädchen und DIE Frau heißt, wenn es sich doch jeweils um eine weibliche Person handelt. Naima zerbricht sich den Kopf, wie sie ihm den Unterschied deutlich machen kann. In der Not wählt sie eine ungewöhnliche Erklärung: »Alles, was einen Penis hat, ist ›der‹: ›der Mann, der Vater, der Junge‹. Es heißt ›die Frau‹, weil sie schon Brüste hat und ›das Mädchen‹, da die Brüste noch nicht ausgebildet sind – deswegen ist es Neutrum.« Eine Kursteilnehmerin fragt, ob sie auch ein Neutrum sei, weil sie eine so kleine Oberweite habe. Alle brüllen los. Nur Yousef, der Klassenclown, wird knallrot im Gesicht. Er ist es nicht gewohnt, dass Frauen so offen sprechen.

Vier Mal die Woche sind die Brüder nun in der Volkshochschule. Langsam öffnet sich auch Mohanad seiner Deutschlehrerin gegenüber und sie erfährt den Grund für seine Grübelei. Er erzählt ihr, dass er und sein Bruder womöglich zurück nach Italien müssten, sein Traum von Deutschland also platzen könnte. Naima versucht, ihn nach dem Unterricht zu beruhigen. Sie stehen zusammen an ihrem Tisch. »Hab keine Angst. Das Wichtigste ist, dass ihr jetzt Deutsch lernt, euch integriert – dann wird es auch einfacher mit den Papieren. Sollte es Probleme geben, dann sagt mir Bescheid. Das wird schon

klappen.« Wenn sie im Unterricht merkt, dass er oder
Yousef angespannt sind, versucht sie die Situation aufzu-
lockern. Ihr Lachen ist herrlich ansteckend, rau und laut.

Gleichzeitig will sie Mohanad und Yousef Mut machen. Sie stellt ihnen Menschen vor, die in derselben
Situation wie sie waren und es geschafft haben, in
Deutschland wirklich anzukommen. Einmal lädt sie sie
zum Essen zu sich ein. Im Ofen brutzelt ein Hähnchen,
es duftet verführerisch. Fast wie zu Hause, denken die
beiden. Mit am Tisch sitzt eine junge Pakistanerin. Sie
hat wahnsinnig schnell Deutsch gelernt und arbeitet
mittlerweile als Ingenieurin in Stuttgart. Sie entwickelt
sich zum Vorbild für Mohanad. Sobald er sich im Unterricht hängen lässt, erinnert Naima ihn an die junge Frau.

Naima schlüpft mehr und mehr in die Rolle der Ersatzmutter für die beiden. Werden sie übermütig, weist sie
sie streng zurecht. Sind sie traurig, nimmt sie sie in den
Arm. Den Ersatzvater finden sie in Michael, einem kleinen Mann mit rundem Bäuchlein, grauen Haaren, Vollbart und Brille. Er sitzt eines Morgens Mitte Februar in
ihrer Küche gemeinsam mit einer anderen Helferin, die
die Brüder schon kennen. Yousef ist einkaufen, Mohanad
schläft noch. Die Syrerin, die mit ihrer Familie ebenfalls
in der Unterkunft lebt, klopft an die Zimmertür und sagt,
dass deutscher Besuch da sei. Mohanad schlurft in die
Küche, sagt »Guten Morgen«. Michaels Begleiterin fragt,
ob er eine neue Frisur habe. Am unteren Teil des Kopfes
ist das rostrote Haar abrasiert, der Rest fransig geschnitten. »Hat mein Bruder gemacht«, sagt Mohanad. Er fragt
Michael, ob er vom Sozialamt sei. »Ich möchte gerne
meine Hilfe anbieten«, sagt Michael. Dann kommt
Yousef mit den Einkäufen in die Küche: »Willkommen,
Willkommen. Mein Name ist Yousef, isch bin funfund-

zwahhhnzik Jahre alt und isch bin Buchhalter. Isch bin
Asyl aus Süüürien. Wahhhs mochten sie trinken?«, sagt
er auf Deutsch und strahlt. Seit dieser ersten Begegnung
ist Michael jeden Tag in der Overbergstraße. »Du gehörst
jetzt zu unserer Familie«, sagt Yousef. Michael freut sich
darüber, seine Kinder sind bereits aus dem Haus. Wie die
Brüder sucht auch er Halt und Abwechslung. Michael ist
gerade arbeitsunfähig geschrieben, die Jungs lenken ihn
ab. Er beginnt sich mit Syrien zu beschäftigen. Mohanad
und Yousef bringen ihm ein paar Brocken Arabisch bei.
Michael kann bei der Verständigung nur auf sein Schul-
englisch zurückgreifen, die Brüder sind also gezwungen
mit ihm Deutsch zu sprechen. Während über ihnen die
Feuerwehrkapelle probt, sitzen die drei zusammen, trinken Tee und quatschen.

Mit Flüchtlingen hatte Michael bisher noch nie etwas
zu tun. So wie die meisten Oelder. Auf die knapp 30 000
Einwohner kommen im Januar 2015 105 Flüchtlinge,
aufgeteilt auf sieben Häuser. Doch Michael fielen immer
wieder Grüppchen von Männern auf, die verunsichert
und orientierungslos im Supermarkt herumstanden. Also
fragte er in der Facebookgruppe »Oelder für Oelder«, ob
jemand mehr über die Situation der Flüchtlinge in der
Region wisse. Bei ihm meldete sich zunächst ein Mann
aus der Nachbarstadt Ahlen, der auf der Suche nach Sach-
spenden für Flüchtlinge in seinem Ort war. Gebraucht
würden Fahrräder und Küchenutensilien. Durch die Facebookgruppe kamen Töpfe, Geschirr und sogar eine Mikrowelle für die Flüchtlingsunterkunft in Ahlen zusammen.

Jetzt sammelt Michael Spenden für Mohanad und
Yousef. Ihre Küche ist nur spärlich eingerichtet. Gemeinsam mit anderen Helfern bringt Michael Teller und Messer, einen Wasserkocher und eine Mikrowelle. Sie kaufen

außerdem einen zweiten Kühlschrank, weil der alte zu klein ist. Die Jungs wollen die Geschenke nicht annehmen. »Wie viel schulden wir euch?«, fragt Mohanad. Doch die Helfer winken ab: »Ihr seid neu in Deutschland, wir müssen euch jetzt erst mal helfen.« Einer sagt zu Mohanad auf Englisch: »Ich gebe dir meinen kleinen Finger und du gibst deinen wieder jemand anderem, wenn du kannst.« Doch zunächst gibt es Kuchen. Mehrmals pro Woche steht Yousef in der Küche und backt eine Torte, die außen mit einer glänzenden Schicht Schokolade bestrichen ist. Wenn Gäste kommen, kriegen sie ein Stück.

Mohanad wartet nun jeden Tag auf die Entscheidung, ob er in Deutschland bleiben darf oder nicht. Er hat sich im Fitnessstudio angemeldet, um auf andere Gedanken zu kommen. Sechs Mal in der Woche stemmt er Gewichte. Danach geht das Grübeln wieder los.

Es kommt kein Brief und seine Anwältin geht nicht ans Telefon, wenn er von seinem Handy aus anruft. Mohanad kauft sich immer wieder neue SIM-Karten, denn nur dann kann er die Juristin erreichen. Sie vertröstet ihn jedes Mal, er solle warten. Doch Mohanad kann nicht länger warten. Sein Zustand wird immer schlechter. Nachts schläft er kaum noch und wenn er dann doch wegdöst, träumt er schlecht und spricht im Schlaf. Auch Yousef hat Alpträume. Tagsüber sitzt er manchmal einfach nur da und starrt die Wand an, bei lauten Geräuschen zuckt er zusammen. Michael vermutet, dass es nicht nur die Zukunftsangst ist, die die beiden quält, sondern auch die Vergangenheit. Er weiß nicht viel darüber, Mohanads Deutsch ist noch zu schlecht, um das Erlebte in Worte zu fassen, Englisch versteht wiederum Michael zu schlecht.

Michael packt die beiden schließlich in sein Auto und fährt sie zu seinem Hausarzt. Der sieht Anzeichen einer Depression und verschreibt den Brüdern Medikamente, damit sie wenigstens nachts durchschlafen können. Außerdem stellt er das erste von vielen Attesten aus, das den Zustand der beiden beschreibt:

> *»Aufgrund der Untersuchung und der Krankheitsgeschichte ergibt sich eine hochgradige posttraumatische Belastungsstörung. Eine Trennung der Geschwister oder eine Abschiebung beider oder eines Einzelnen wird möglicherweise unweigerlich einen Suizid nach sich ziehen können. Eine psychotherapeutische Behandlung ergibt zurzeit aufgrund fehlender sprachlicher Kommunikationsmöglichkeiten keinen Sinn.«*

Michael versucht, die Brüder auf andere Gedanken zu bringen, macht Ausflüge mit ihnen, bei denen auch andere Flüchtlinge dabei sind. Gemeinsam fahren sie nach Gütersloh zur »Welle«, einem Schwimmbad. Sie rennen die Sprossen der Riesenrutsche hinauf und helfen den Kindern hoch. Michael führt sie in ein spezielles Becken, in dem sie bis zur Hüfte im Wasser stehen. »Und jetzt?«, fragt Mohanad. Plötzlich rollen die ersten Wellen heran. Die Jungs machen jede Menge Fotos. In Badehose posieren sie vor dem Becken. Mohanad lächelt, unter den Augen hat er dunkle Ringe. Nach dem Besuch bedanken sich er und Yousef bei Michael. »Du bist wirklich unser deutscher Vater«, sagen sie zu ihm. Auch in den Gesprächen mit den Eltern erzählen sie von Michael, nennen ihn ihren Onkel oder gar Vater.

Trotz Michaels Zuwendung zieht sich Mohanad immer weiter zurück. Oft sitzt er stundenlang auf seinem Bett, sucht nach Nachrichten zu Dublin oder starrt aus dem Fenster. Er denkt an Italien. Daran, dass er dort in einem Zelt leben musste und nichts anderes tun konnte als essen und schlafen. Mohanad kommt mit versteinerter Miene und kreidebleich zum Deutschunterricht – seiner Lehrerin Naima bleibt nicht verborgen, dass es ihm schlecht geht. Auch wenn er nach außen freundlich ist. Er beteiligt sich im Unterricht, doch der Kopf ist nicht immer dabei. Yousef entschuldigt ihn immer häufiger, er könne gerade einfach nicht. An guten Tagen versucht er seinen Bruder mit Witzchen aufzumuntern: Italienisch sei doch sicher leichter als Deutsch zu lernen. Für solche Sprüche möchte Mohanad seinem Bruder am liebsten eine kleben.

Am 12. März 2015 ruft Mohanads Anwältin bei Michael an und sagt ihm, dass Mohanad Deutschland verlassen müsse. Ein entsprechender Brief werde am nächsten Tag eintreffen. Michael bringt es nicht übers Herz, Mohanad zu sagen, dass er abgeschoben werden soll. Er erklärt lediglich, am nächsten Tag werde ein Brief kommen, der nicht gut sei. Sie sitzen gerade in der Küche in der Overbergstraße, als Mohanad in sich zusammensackt. Genau in dem Moment klingelt sein Handy, die Mutter ist dran. Sie will wissen, wie es ihrem jüngsten Sohn geht. Er richtet sich auf, so gut es geht. »Alles ist in Ordnung«, sagt Mohanad. Er muss laut und überschwänglich sprechen, ansonsten schöpft seine Mutter Verdacht. Er gibt das Handy schnell an Yousef weiter. Mohanad fängt an zu weinen. »Ich vermisse meine Mutter«, sagt er immer wieder und: »Ich darf nicht weinen, ich bin doch ein Mann.« Michael führt ihn nach draußen. Sie setzen sich auf die Treppe und Michael legt den Arm um Mohanad.

Am nächsten Morgen warten alle drei zusammen auf

den Briefträger. Um elf Uhr muss Michael kurz weg. Die Brüder sind allein, als der Brief abgegeben wird. Mohanad öffnet ihn. »Der Asylantrag ist unzulässig. Die Abschiebung wird angeordnet«, steht da auf Deutsch und Arabisch. Mohanad hat nun Gewissheit: Er muss raus aus seinem *Dreamland*, er muss zurück nach Italien. Alles war umsonst. Mohanad ist nach außen ruhig, sein Gesicht ist ganz starr. Er nimmt den Brief, geht ins Badezimmer und schließt die Tür ab. Es ist schwer für ihn zu beschreiben, was genau dann passiert ist, weil er eigentlich gar nicht mehr anwesend war. Er spürt nur Wut und Verzweiflung in sich – sie lassen ihn Shampoo-Flaschen gegen die Wand werfen. Dann schlägt er mit der rechten Faust in die Fliesen, doch er spürt keinen Schmerz, nur Taubheit. Er sieht auf dem Waschbecken eine Rasierklinge liegen.

Yousef sitzt in der Küche, als er aus dem Badezimmer Gepolter hört. Er versucht die Tür zu öffnen, ruft nach seinem Bruder – doch der hört ihn nicht.

Mohanad greift nach der Rasierklinge und schneidet mit ihr tief in das helle Fleisch seines Unterarms, quer über die Pulsadern. Das Blut spritzt gegen die Wände. Acht Mal setzt er an. Es geht ihm nicht darum, sich umzubringen. Er will Schmerz spüren, irgendetwas anderes als das, was er gerade fühlt. Dann hört er, wie jemand gegen die Tür hämmert, Michaels Stimme dringt zu ihm durch. Er brüllt: »Mohanad, mach die Tür auf!«

Tatsächlich kommt er dadurch langsam wieder zu sich, er geht zur Tür und schließt sie auf. Michael stürmt herein, sieht das ganze Blut. Er greift nach Mohanads Arm, entdeckt die blutigen Schnitte und drückt die Hand mit der Rasierklinge weg, aus Angst Mohanad könnte sich erneut verletzten. »Was machst du da?«, fragt er Mohanad entgeistert. »Das ist doch nicht das Ende – es gibt immer noch Wege, das zu verhindern.« Auch Yousef redet auf seinen Bruder ein. »Das ist doch nur ein Traum. Dafür lohnt es sich doch nicht, sich umzubringen.« Aus seinem Auto holt Michael den Erste-Hilfe-Kasten und verbindet die Wunden. Plötzlich spürt Mohanad seine schmerzende Hand. Michael setzt die Brüder ins Auto und fährt sie ins Krankenhaus. Yousef versucht ruhig zu bleiben, doch er bebt vor Schreck.

Im Krankenhaus in Oelde reinigen und verbinden die Ärzte Mohanads Wunden. Er soll in die Psychiatrie, bis sein Zustand wieder stabil ist – Michael schafft es gemeinsam mit einem der Ärzte, den Leiter einer Einrichtung nahe Oelde zu überreden, Mohanad wenigstens für kurze Zeit aufzunehmen. Mohanad bekommt dort Morphium, er schläft die meiste Zeit. Auch Yousef ist in der Psychiatrie untergebracht, falls sein Bruder nach ihm fragen sollte. Als Mohanad sich weigert, zu essen, holen sie Yousef, damit er mit ihm spricht.

Es ist Yousef, der schließlich Naima anruft. Er ist sehr ruhig am Telefon und schildert seiner Deutschlehrerin, was passiert ist. »Er hat sich in die Arme geschnitten.« »Lebt er noch?«, fragt Naima. Yousef sagt ihr, sie brauche sich keine Sorgen machen. Als Naima danach versucht ihn wieder anzurufen, geht Yousef nicht ans Telefon. Sie weiß nicht einmal in welchem Krankenhaus sie sind.

Drei Tage später holt Michael die beiden aus der Klinik ab. Als sie das erste Mal wieder zum Deutschkurs kommen, nimmt Naima Mohanad fest in den Arm. Die vergangenen Tage hat sie sich den Kopf zerbrochen, ob sie die Situation nicht ernst genug genommen hat. Ob sie etwas anderes zu Mohanad hätte sagen müssen, als ihn nur zu trösten. Ihr kommen heute noch die Tränen, wenn sie daran denkt. »Du musst niemals zurück nach Italien«, sagt sie zu Mohanad. »Du kommst einfach zu mir. Ich habe ein großes Haus, keiner weiß dann, wo du bist. Ich werde alles dafür tun, dass du hierbleiben darfst.« Er könne das nicht annehmen, widerspricht Mohanad. »Du zahlst mir das zurück, wenn du irgendwann mal arbeitest«, sagt Naima.

Sie ist es schließlich, die Mohanad rät, sich einen neuen Anwalt zu nehmen. Naima ruft einen Bekannten in Münster an, der mindestens 20 ihrer Schüler zum Bleiberecht verholfen hat. Sie bekommt schnell einen Termin. Michael bringt die Brüder hin – am Ende ist es jedoch lediglich Yousef, den der Anwalt vertritt. Yousef hat noch keine Benachrichtigung bekommen, Deutschland zu verlassen. Er soll warten. Mohanad behält seine Anwältin, schließlich hat er ihr bereits 250 Euro bezahlt. Sie soll Widerspruch gegen die Abschiebung einlegen, wegen der psychischen Verfassung Mohanads.

Die Zeit vergeht nur langsam. Vater Michael versucht die Jungs mit einer Fahrradtour abzulenken. Sie fahren ins Geisterholz, ein großes Waldgebiet. Ihr Ziel ist ein kleiner Wasserfall, über den sich eine alte steinerne Brücke spannt. Aus Spaß ziehen sich die Jungs ihre Pullover aus und posieren, den Oberkörper frei, für Fotos. Sie spannen ihre Muskeln, Michael drückt auf den Auslöser. Eine ältere Frau kommt vorbei und sagt: »Na, da gehe ich wohl noch mal nach Hause, hole einen Stuhl und schaue euch den ganzen Tag dabei zu.« Auf der Rückfahrt nach Oelde jagen die jungen Syrer mit dem Fahrrad über die matschigen Waldwege. »Wie die Bekloppten«, denkt sich Michael. Aber die Freude »seiner Jungs« macht ihn glücklich.

Sie währt leider nicht lange. Am 16. April erreicht Mi-

chael ein Brief von Mohanads Anwältin, dass bis zum
16. April alle Unterlagen für den Widerspruch gegen die
Abschiebung bei Gericht eingereicht werden müssen.
Michael weiß nicht, was er tun soll. Er versucht Mohanads Anwältin zu erreichen, doch sie geht nicht ans Telefon. Später erklärt sie ihm, die Post sei schuld, dass der
Brief so spät angekommen sei. Michael ruft direkt beim
Gericht an und bittet um eine Fristverlängerung. Bis
17 Uhr habe er Zeit, die Unterlagen zu faxen.

Michael telefoniert mit Mohanad und Yousef. Sie sammeln fieberhaft alle Dokumente zusammen, den Asylantrag, die Behördenbriefe. Doch am wichtigsten sind
die ärztlichen Atteste. Michaels Hausarzt hat an diesem
Tag keine Sprechstunde. Schließlich erreicht ihn Michael
doch noch. Es ist 16.30 Uhr, als Michael alle Formulare
auf das Faxgerät legt. Sie können jetzt nicht mehr tun als
warten – wieder einmal.

Zwei Wochen später sitzen Mohanad und Yousef gerade bei einem Gesundheits-Seminar in Warendorf, das
man absolvieren muss, um in Restaurants zu arbeiten.
Theoretisch dürften sich Yousef und Mohanad einen Job
suchen, den bekämen sie jedoch nur, wenn kein deutscher Bewerber gefunden wird. Die Wahrscheinlichkeit
ist also gering. Naima hat die Teilnahme am Seminar
dennoch organisiert, damit die Jungs zumindest das Gefühl haben, etwas Sinnvolles zu tun, etwas, das ihnen
später nützlich sein könnte. Plötzlich klingelt Yousefs
Telefon. Mohanad nimmt ab, es ist Michael. »Wann
kommt ihr nach Hause?«, fragt er. »Ich weiß es nicht
genau. Was ist ist los?«, Mohanad ist unruhig. Er vermutet sofort, es sei etwas Schlimmes passiert. »Es hat nicht
funktioniert Mohanad«, sagt Michael. Mohanad ist wie
vom Blitz getroffen. »Warum nicht?«, fragt er mit Ver-

zweiflung in der Stimme. Michael hört es und erklärt, er habe ihn verarschen wollen. »Alles hat geklappt. Wir machen heute Party!« Mohanad ist verwirrt. Komischer deutscher Humor. Nach dem Seminar fahren die Brüder zurück nach Oelde und warten in der Wohnung auf Michael.

Als es endlich an der Tür klingelt, öffnet Yousef. Dort steht Michael, er will zu Mohanad. »Was ist los?«, löchert Yousef ihn. »Muss er zurück nach Italien?« Michael stürmt an ihm vorbei ins Schlafzimmer. Mohanad liegt im Bett und schreckt hoch, als er Michael sieht. Der umarmt Mohanad und weint. »Was ist los?«, fragt Mohanad panisch. Michael zeigt ihm einen Brief und übersetzt, was da in knappem Amtsdeutsch steht:

»*Ihnen wurde die Flüchtlingseigenschaft (…) zuerkannt.*«

Nun fängt auch Mohanad an zu weinen. Anschließend betet er, dankt Gott. Für Mohanad fühlt es sich so an, als sei dies sein erster wirklicher Tag in Deutschland. Zum ersten Mal seit Langem schläft Mohanad an diesem Abend ruhig ein.

Am nächsten Morgen nimmt Mohanad den Brief mit zum Deutschunterricht. Strahlend zeigt er ihn Naima. Sie umarmt ihn, immer wieder lesen sie sich den Brief durch, der Mohanad auch über seine Rechte und Pflichten aufklärt. Drei Jahre darf er jetzt erst einmal bleiben. Er kann wohnen, wo er will, und sich einen Job suchen.

»Ich habe noch nichts bekommen, ich muss zurück nach Italien«, beschwert sich Yousef später bei Naima. »Das ist scheißegal, du kannst mich immer besuchen und bei mir wohnen«, sagt sie und versucht darüber hinwegzugehen. Sie freut sich für Mohanad, doch sie findet es furchtbar, dass der ältere Bruder so in der Luft hängt. Und schiebt hinterher: »Das wird schon«. Nun ist es Mohanad, der seinen Bruder neckt: »Ist doch super, wenn es mir in Deutschland zu kalt wird, komme ich dich besuchen. Ich hab die Arbeit, du die Sonne.«

Wenn Verzweiflung krank macht

Die meisten Flüchtlinge, die derzeit Deutschland erreichen, kommen aus Krisengebieten. Sie fliehen vor Krieg und Verfolgung. Das, aber auch die Strapazen der Flucht hinterlassen körperliche und seelische Schäden. Mindestens die Hälfte der in Deutschland lebenden Flüchtlinge sind psychisch krank, so die Bundespsychotherapeutenkammer. Viele leiden an Depressionen oder einer posttraumatischen Belastungsstörung. Letztere tritt besonders häufig nach traumatischen Erlebnissen auf, die durch andere verursacht wurden: der Beschuss mit Handfeuerwaffen und Granaten, Hunger und Durst, Todesdrohungen und Scheinexekutionen, körperliche Folter, Stromschläge, sexuelle Erniedrigung und Vergewaltigung sowie das Miterleben von Hinrichtungen oder Vergewaltigungen.

Die Betroffenen verfolgt das Trauma bis in den Alltag. Sie haben Alpträume oder machen das Erlebte in Form von Flashbacks erneut durch. So bekamen jesidische Frauen Herzrasen, als sie mit einem Flugzeug nach Deutschland ausgeflogen wurden. Zwar befanden sie sich jetzt in Sicherheit, doch die Frauen waren Gefangene der Terrororganisation Islamischer Staat gewesen. Die Enge des Flugzeuges ließ schmerzhafte Erinnerungen an die Gefangenschaft wieder hochkommen. Als weitere Symptome für eine posttraumatische Belastungsstörung nennen Psychologen starke Schreckhaftigkeit, Schlaf- und Konzentrationsstörungen, emotionale Taubheit und Gleichgültigkeit gegenüber anderen Menschen.

Doch auch das Leben in Flüchtlingsunterkünften kann psychisch krank machen: Hier leben viele Menschen, vor allem junge Männer, auf engstem Raum zusammen. Oft haben sie keine Rückzugsmöglichkeiten. Sie sind zum Nichstun verurteilt. Konflikte können sich da an Kleinigkeiten entzünden, wie die

Frage, wer aufräumt, oder aber an größeren Fragen wie der Nationalität. Hinzu kommt die Furcht vor der Abschiebung, die alle teilen. Und wenn die Flüchtlinge ständig damit rechnen müssen, außerhalb des Heims angegriffen zu werden, wie in Freital oder Heidenau, macht das schlicht Angst.

Psychisch kranke Flüchtlinge brauchen Hilfe. Doch die bekommen sie noch viel zu selten. Die Entscheidung, ob einem psychisch kranken Asylbewerber während der ersten 15 Monate seines Aufenthaltes eine Therapie gewährt werde, dauere in den Sozialämtern häufig monatelang, so die Bundespsychotherapeutenkammer. Meist seien es Sachbearbeiter und Hausärzte ohne Erfahrung im Umgang mit psychisch Kranken, die darüber entschieden, ob eine Therapie nötig sei oder nicht. So komme es häufig zu Fehleinschätzungen.

Eine psychiatrische Begutachtung ist zeitaufwendig, besonders bei Flüchtlingen, da meist ein Dolmetscher gebraucht wird. »Selbst ein erfahrener Psychiater braucht etwa 30 bis 45 Minuten, um die wichtigsten Erlebnisse und Symptome eines Patienten abzufragen«, sagt der Psychiater Enrico Ullmann.[22] Er bietet in einer Dresdner Flüchtlingsunterkunft Sprechstunden an. Den Betreibern des Camps war aufgefallen, dass viele Flüchtlinge nachts schrien, tagsüber unruhig herumliefen, unter Herzrasen und Flashbacks litten. Im schlimmsten Fall versuchen die Betroffenen Suizid zu begehen. Mit der steigenden Zahl der Asylbewerber haben im vergangenen Jahr auch die Selbstmordversuche in den Flüchtlingsunterkünften stark zugenommen, wie eine Erhebung in Bayern beispielhaft zeigt.[23] 2012 kam es zu 18 Suizidversuchen, 2013 waren es 25 und 2014 schon 32. In Hamburg haben zwischen April 2014 und April 2015 20 Flüchtlinge versucht, sich in Erstaufnahmeeinrichtungen umzubringen.[24]

Asylbewerber können nach 15 Monaten regulär die Leistungen der gesetzlichen Krankenversicherung in Anspruch nehmen.

Doch die niedergelassenen Psychotherapeuten, die von den Krankenkassen anerkannt werden, haben auch so schon lange Wartelisten. Hinzu kommen Probleme bei der Verständigung. Einige Flüchtlinge sprechen zwar sehr gut Englisch, aber es fällt ihnen natürlich leichter, in ihrer Muttersprache über Gefühle und Gedanken zu reden. Doch welche Praxis beschäftigt schon regelmäßig Dolmetscher?

Damit mehr Menschen geholfen werden kann, sollen die Krankenkassen künftig die Kosten für Therapien in psychosozialen Zentren, von denen es derzeit 30 gibt, aber auch in Privatpraxen übernehmen, so lautet die Forderung der Bundespsychotherapeutenkammer. Ein Trauma nicht zu behandeln, kann schwerwiegende Folgen haben. »Dann kommt es nämlich zu chronischen Verläufen. Und wie wir wissen, können sich extreme Traumatisierungen über epigenetische Prozesse bis in die Enkelgeneration auswirken«, sagt Enrico Ullmann aus Dresden. Es klingt wie eine Warnung: Werden die Nöte und Traumata der Flüchtlinge nicht ernst genommen, erschwert das auch die Integration und kann langfristige Folgen haben.

FÜNF   Nochmal neu anfangen

Ein trüber grauer Himmel hängt über Oelde, doch Mohanad hat gute Laune. Es ist ein Freitag Ende Mai und Wochenmarkt. Auf dem Platz vor der Kirche sind mehrere Stände aufgebaut. Blumen, deren deutsche Namen Mohanad nicht kennt, stehen auf Tischen und Kisten, ein kunterbuntes Durcheinander. Eine ältere Dame mit sorgfältig zurückgeföhntem Haar, reibt zärtlich die Blüte einer Orchidee. Mohanad schlendert an ihr vorbei. Der Platz ist voller Menschen, dennoch fällt er auf, ein großer junger Kerl zwischen gebeugten Rentnern mit weißen Haarschöpfen. Dazwischen finden sich nur ein paar junge Frauen. Ihre Blicke sind auf Einkaufszettel gerichtet. Auf die Töpfe und Pfannen in den Auslagen.

An einem Stand weht ein rosafarbenes Nachthemd im Wind. Auf einem Tisch liegen karierte Hemden, kaufe zwei, kriege das dritte geschenkt. Mohanad ist nur für einen kleinen Bummel hergekommen. Er sucht nichts. Er hat bereits gefunden, was er wollte: eine neue Heimat und eine Zukunft in Deutschland. Sein Bruder Yousef hat zwar noch keinen Bescheid bekommen, dass auch er als Flüchtling anerkannt wurde. Aber die Behörden werden sie nicht voneinander trennen, da ist sich Mohanad sicher.

Er läuft zu einer Eisdiele, die am Rand des Platzes liegt. »Zwei Kugeln bitte«, sagt er auf Deutsch. »Erdbeere und Vanille.« Das Z spricht er weich aus, wie ein S. Der Verkäufer reicht ihm die Waffel. Mit dem Eis in der Hand läuft Mohanad langsam zur Flüchtlingsunterkunft in der Overbergstraße, dem Haus, das sich für ihn und seinen Bruder mittlerweile wie ein Zuhause anfühlt. Einige Knospen der Rosenbüsche am Eingang sind schon aufgeplatzt, rote Blüten schälen sich heraus. An der hölzernen Tür hat eines der Nachbarskinder mit Kreide die Namen von Yousef, Mohanad und ihrem Zimmernachbarn hingeschrieben.

Improvisiertes Namensschild an der Haustür. Foto: Antonie Rietzschel

Das Zimmer der drei ist durch die Betten sehr beengt. Auf Yousefs Bett liegt ein gelb-schwarz gestreifter Plüschbär, den er geschenkt bekommen hat. Nachts drückt er ihn an sich, das gibt ihm Sicherheit. Auf dem Fensterbrett steht ein Schachspiel. Daneben liegt in braunes Leder gebunden der Koran. Er ist ein Geschenk der muslimischen Gemeinde in der Stadt. Die drei teilen ihn sich, genauso wie die Tischdecke, die sie beim Beten als Ersatz für einen richtigen Teppich benutzen. In der Ecke summt ein Kühlschrank, darauf liegt das Buch *Der Alchemist* auf Deutsch – Mohanads Lieblingsbuch. Darin geht es um einen jungen Mann aus Andalusien, der sich seit seiner Kindheit wünscht, die Welt zu bereisen. Nachts träumt er, dass zu Füßen der ägyptischen Pyramiden ein Schatz auf ihn wartet. Schließlich nimmt der junge Mann all seinen Mut zusammen. Er lässt sein altes Leben hinter sich, in der Hoffnung auf eine bessere Zukunft. Auf seiner Reise findet er zu sich selbst. »Das erinnert mich an meine eigene Geschichte – nur kenne ich das Ende noch nicht«, sagt er.

In der Küche stapeln sich mittlerweile Töpfe und Pfannen. Auf einem Tisch am Fenster liegt Obst: Weintrauben, Äpfel, eine Mango – die Ausbeute vom letzten Besuch bei der Tafel. In einer Schale schwimmen die Reste einer Himbeercreme. Am Abend zuvor war eine der Nachbarinnen damit zum Plausch vorbeigekommen. Auf dem Esstisch liegt eine grüne Tischdecke mit einer kleinen Plastikblume. In der Ecke steht ein altes Radio. Geschenkte Gemütlichkeit.

In dem anderen Zimmer wohnt eine albanische Familie. Das Kind ist gerade mal ein Jahr alt. Der Junge mit den schwarzen Haaren schreit selten. Yousef hat den Kleinen gerne im Arm. Er hebt ihn hoch über sich, lacht und redet auf Arabisch auf das Kind ein, bis es vor Vergnügen quietscht. Die Mutter bereitet derweil das Essen in der Küche für ihre kleine Familie.

Nach den aufwühlenden Wochen ist der Alltag eingezogen in dem kleinen Häuschen in der Overbergstraße. Sie streiten fast nie darüber, wer putzen oder kochen soll. Dank der albanischen Familie gibt es mittlerweile sogar WLAN.

Besonders Yousef fühlt sich hier wohl. Morgens nach dem Aufstehen sitzt er mit dem Kaffee draußen auf der Treppe und schaut sich die Menschen an, die an ihm zu Fuß oder auf dem Fahrrad vorbeikommen. Ihre Ziele kennt er nicht: Sie sind auf dem Weg zur Arbeit, müssen einkaufen oder zur Schule. Sagen sie ihm »Hallo«, freut er sich. Schaut ihn einer kritisch an, grüßt er: »Guten Morgen«. »Immer freundlich sein, so gewinnt man die Herzen«, hat ihm Naima gesagt. Und tatsächlich, irgendwann sagen ihm auch die skeptischen Nachbarn Hallo.

Deutschlandweit steigt die Zahl der Flüchtlinge. Im Bundesamt für Migration und Flüchtlinge sollen Hunderte neue Stellen geschaffen werden, um Asylanträge schneller bearbeiten zu können.[25] Das Bundesinnenministerium rechnet bis Ende des Jahres 2015 mit 450 000 Asylanträgen. Die Zahl wird sich bis zum Jahresende als Fehlkalkulation erweisen. Meldungen von überforderten Städten und Kommunen, die verzweifelt auf der Suche nach Unterkünften sind, vermischen sich mit Nachrichten über einen sprunghaften Anstieg von Übergriffen auf Flüchtlinge.[26] In Oelde ist von alldem jedoch noch nichts zu spüren.

Es ist kurz nach zwölf. Mohanad und Yousef müssen los zum Deutschunterricht. Seit April belegen sie in der Volkshochschule den B1-Kurs. Sie packen ihre Deutschbücher in eine schwarze Tasche. Vor dem Haus stehen ihre Fahrräder. Yousefs grünes Damenrad mit rostigem Lenker und Mohanads schwarzes Sportrad mit gefederter Gabel. Drei Mal in der Woche fahren sie zum Deutschunterricht.

Die Brüder machen sich auf den Weg zur Volkshochschule.
Foto: Antonie Rietzschel

Yousef hat sich seinen schwarzen Ziegenbart abrasiert – auch das ein Rat von Naima. Er sehe sonst so schmierig aus, hat sie gesagt. So richtig versteht er nicht, was sie damit meint. Aber Yousef vertraut seiner Deutschlehrerin. Gerade jetzt, wo er gut aussehen möchte. Yousef hat sich in eine junge Spanierin verguckt, die mit ihm im Deutschkurs sitzt. Schon am ersten Tag, als er sie sah, fand er sie wunderschön. Mit ihrem langen schwarzen Haar, den dichten Wimpern und den olivgrünen Augen. Dass sie ein Piercing in der Zunge hat, findet er nicht schön, aber was soll's. Sie ist trotzdem seine Traumfrau.

»Hallo an alle!«, sagt er, als er das Klassenzimmer betritt. Da hinten in der Ecke sitzt sie, zierlich, das dichte, schwarze Haar zum Pferdeschwanz gebunden. Yousef setzt sich zu ihr. »Hallo. Wie geht es dir? Was hast du heute Schönes gemacht?« Neben ihm sitzt ein Mann mit ledrig brauner Haut. Er trägt einen Anzug und auf dem

Kopf einen Pakol, eine runde Mütze aus Wolle. Er kommt aus Pakistan und alle nennen ihn nur den Professor. Angeblich war er in seiner Heimat Professor für Englisch, was er auch immer betont. Dabei spricht er schlechter als Mohanad. Zum Deutschunterricht kommt er nur sporadisch, mit den anderen Schülern redet er nicht. Mohanad sitzt neben einer jungen Frau aus Kroatien. Die beiden sind die Besten in der Klasse.

Naima kommt herein. »Seid ihr heute mal pünktlich«, sagt sie zu Yousef und Mohanad und lässt ihr lautes raues Lachen hören. Yousef lächelt still in sich hinein. Als der Unterricht beginnt, unterhält er sich mit seiner Sitznachbarin und hört auch nicht auf, als Naima ihn ermahnt. Auch nicht als sie ihre Schüler auffordert das Buch aufzuschlagen. »Yousef, ich bin hier der Chef«, sagt sie laut zu ihm. Endlich herrscht Ruhe. Yousef hält den Kopf gesenkt, schaut seine Deutschlehrerin unterwürfig an und schlägt sein Buch auf.

»Feste, Freunde, Familie« heißt das Kapitel, das heute durchgenommen wird. Die Schüler sollen unter Bilder schreiben, um was für ein Fest es sich handelt: »Hochzeit« schreibt Mohanad unter das Foto mit dem Brautpaar, »Weihnachten« unter den geschmückten Tannenbaum und »Geburtstag« unter das Bild eines kleinen Kindes, das die Kerzen auf einem Kuchen ausbläst. Anschließend sollen alle rundherum erzählen, welche Feiertage es in ihren Ländern gibt. Mohanad und Yousef erfahren, dass der Muttertag nicht nur für Syrer wichtig ist, sondern auch für Russen, Polen und Spanier. Anschließend bekommen alle die Aufgabe, Einladungen für ein Fest zu schreiben. 15 Minuten haben sie Zeit. Yousef, der immer noch über das Heiraten nachdenkt, beginnt mit dem Satz: »Liebe Maha, ich habe fahrren auf Hochzeit.«

Naima im Gespräch mit Mohanad. Foto: Antonie Rietzschel

Er streicht den Satz durch und setzt zu einer Geburtstags-einladung an.

»Du und ich Geburtstag freinden. Ich muss fahrren für dich. Ich backen Tortten und gebe rot Blummen. Danach gehe für mich zu Kino.«

Die deutsche Sprache ist für Yousef immer noch harte Arbeit. Er findet nicht die richtigen Wörter, die kurzen Sätze malt er praktisch aufs Papier. Seine linke Hand bewegt den Kugelschreiber langsam. Naima setzt schließlich den Rotstift an, streicht durch, schreibt Wörter richtig auf, bis nur noch ein schwarz-rotes Buchstabenknäuel übrig ist.

Auch Mohanad macht noch Fehler, verdreht Buchstaben und Wörter. Dafür fließen die Sätze aufs Papier:

»Wir haben um Muttertag ein großes Fest. Alle Familien wollen kommen. Ich möchte dich kommen. Alle Familien und Freunden feiern zusammen. Ich finde das toll. Wir

möchten eine Geschenk zusammen kaufen. Das fest dauert den ganzen Tag. Wir wollen viel Spaß haben. Viel groß, Mohanad.«

Naima muss nur wenig ändern. »Ich bin stolz auf dich, mein Junge.« Die Deutschlehrerin ist immer wieder begeistert von den Fortschritten, die der jüngere Bruder macht.

Ihr Liebling ist jedoch Yousef. »Hach, wäre ich noch mal 20 Jahre jünger, würde ich dich sofort heiraten«, sagt sie zu ihm nach dem Unterricht. »Isch heiraten disch sofort«, sagt Yousef im Scherz. Beide lachen.

Es ist 16 Uhr. Mohanad hat Hunger. Die Brüder fahren zurück zur Overbergstraße. Sie haben noch Reste vom letzten Abendessen übrig: Hähnchenspieße, gebackener Blumenkohl, dazu eine Joghurt-Soße mit Dill. Danach blättert Mohanad in einem Mathebuch aus der Oberstufe. Ein Mädchen aus der Nachbarschaft hat es ihm geliehen. Ein blaues Buch voller Formeln und Gleichungen. Dann bleibt er auf einer Seite hängen, die mehrere Kurven zeigt. »Welcher Term passt zu welchem Bild«, heißt die Fragestellung. Darunter mehrere Formeln. »Wahnsinn, das habe ich an der Uni gelernt«, sagt Mohanad auf Englisch. »Hier lernt man das schon in der Schule? Toll!« Über ihm sind metallische Klänge von Posaunen zu hören. Die Feuerwehrkapelle probt mal wieder.

Yousef holt das Mensch-ärgere-dich-nicht-Spiel. Er und Mohanad setzen sich zusammen an den Tisch. Mohanad wählt Rot, seine Lieblingsfarbe. Yousef entscheidet sich für Schwarz. Er hat anfangs kein Glück, würfelt keine Sechs und kann nicht anfangen. Mohanad hat dagegen schon zwei Männchen draußen. Dann kommt sie doch, die Sechs für Yousef, und er setzt seinem Bruder nach – schafft es sogar, ihn rauszuschmeißen. »Was? Warum?«, schreit Mohanad und lacht. »Mein Bruder, warum tust du das?«. Runde um Runde geht das so.

Draußen wird es langsam dunkel. Die Jungs lassen die Jalousien an dem großen Küchenfenster hinunter und löschen das Licht. Sie gehen in ihr Zimmer. Dort sitzt ihr Zimmernachbar und liest im Koran. Er liest laut vor für die beiden Brüder. Seine Stimme ist geübt, denn er war auf der Koranschule. Es klingt, als würde er singen – die letzte Silbe zieht er etwas in die Länge. Mohanad sitzt auf dem Bett und schaut vor sich hin, doch er grübelt nicht mehr. Sein Kopf ist frei von Sorgen, frei von Angst. Der Singsang des Dritten macht ihn leicht schläfrig.

Dann erheben sich die Männer, breiten die Tischdecke aus, die nun den Boden da bedeckt, wo weder Koffer noch Kühlschrank den Weg verstellen. Barfuß stellen sie sich darauf, die Gesichter Richtung Mekka gewandt, vor ihnen steht eines der braunen Metallbetten. Sie stehen nebeneinander. »Allahu akbar«, »Gott ist groß«. Sie heben die Arme wie in Abwehr vor sich, verschränken sie vor der Brust und murmeln auf Arabisch vor sich hin. »Gepriesen bist du, oh Allah …« Der Blick ist auf den Boden geheftet. Die Männer beugen den Oberkörper nach vorne, stützen sich mit den Armen auf den Oberschenkeln ab. Dann richten sie sich wieder auf. Die Glühbirne an der Decke wirft ein orange-gelbes Licht auf die Betenden. Sie lassen sich langsam auf die Knie sinken, verharren so, bevor sie sich nach vorne beugen und mit der Stirn den Boden berühren. Mit dem Nachtgebet, der Ischa, endet in der Overbergstraße ein weiterer Tag in der neuen Heimat. Meist sind sie ereignislos, ja sogar langweilig – doch Mohanad und Yousef genießen das. Diese

Langeweile ist zum ersten Mal seit sehr langer Zeit frei von Angst.

Am 19. Juni 2015 bringt der Postbote einen Brief von Yousefs Anwalt:

»*Beigefügt übersenden wir Ihnen den Bescheid des Bundes-amts, wonach Ihnen nunmehr die Flüchtlingseigenschaft zuerkannt worden ist. Willkommen in Deutschland!*«

Der Bescheid ist auch auf Arabisch verfasst, sodass Yousef gleich weiß, worum es geht: Auch er kann in Deutschland bleiben. Gemeinsam mit seinem Bruder. Er ruft Mohanad, sie fallen sich in die Arme. »Mein Bruder«, sagt Mohanad.

Yousef nimmt den Brief mit zum Deutschunterricht. »Ich muss doch nicht nach Italien«, sagt er zu Naima und zeigt auf den Brief. Naima freut sich für Yousef, hatte er es doch irgendwie immer schwerer als sein kleiner Bruder. Auch die Zukunft birgt für Yousef größere Hürden als für Mohanad. Der große Bruder muss völlig von vorne anfangen, als deutscher Buchhalter wird er mit seiner syrischen Ausbildung nicht arbeiten können – das haben sie ihm auf dem Sozialamt gesagt. Mohanad hat dagegen mit seinem Diplom in Maschinenbau und Elektrotech-nik gute Chancen, eine Arbeit zu finden, und er spricht bereits recht gut Deutsch.

Wie soll es weitergehen? Das ist jetzt die zentrale Frage. Mohanad und Yousef wollen zusammenbleiben, doch wo werden sie leben? In Oelde? Die Kleinstadt fühlt sich für die Brüder beengt an, voller alter Menschen. Yousef be-schließt, seine Entscheidung von Mohanad abhängig zu machen. Sein Bruder soll dahin gehen, wo er die besten Chancen hat. Er wird ihm folgen. Im schlimmsten Fall

Mohanads und Yousefs kleines »Hexenhäuschen«, die Unterkunft in der Overbergstraße. Foto: Antonie Rietzschel

arbeitet er erst einmal in einer Pizzeria, um Mohanad finanziell unterstützen zu können. Hauptsache, er muss nicht weiter von Sozialhilfe leben. Yousef will nicht mehr von anderen abhängig sein.

Mohanad möchte dagegen unbedingt studieren. Wieder sitzt er stundenlang gebannt vor Google, der Suchmaschine, mit der er sich sein *Dreamland* Deutschland zusammengepuzzelt hat. Er gibt auf Englisch ein: »Beste Uni«, »Mechatronik«, »Deutschland«. Er findet Bochum, Aachen, Münster Essen. Seine Wahl fällt auf Aachen. Ihm gefällt, dass es eine echte Studentenstadt ist und Menschen aus aller Welt die Universität dort besuchen. Er sucht sogar nach Wohnungen. Auch Naima bestärkt Mohanad in seiner Entscheidung. Sie hat selbst in Aachen gelebt und sich dort sehr wohl gefühlt. Sie rät Mohanad in Belgien zu wohnen und in Aachen zu studieren. Gleichzeitig versucht Naima die beiden etwas zu bremsen. In den vergangenen Monaten hat sie ihnen immer wieder eingetrichtert, wie wichtig es ist, sehr gut Deutsch sprechen zu können: »Alles andere ist zweitrangig.« Mohanad und Yousef hielten sich daran und erreichten fast eine hundertprozentige Anwesenheit in ihrem Kurs.

»Ihr müsst erst richtig Deutsch sprechen. Macht den B1-Kurs zu Ende, danach könnt ihr tun und lassen, was ihr wollt«, sagt die Lehrerin zu Yousef und Mohanad. Oelde sei für den Anfang gut, weil es klein und überschaubar sei. »Hier habt ihr einen Platz in einem Deutschkurs.« Abwarten bis zur Prüfung, für Mohanad und Yousef bedeutet das, dass sie mehr als ein halbes Jahr in Oelde bleiben müssen. Nach dem Gespräch mit Naima sind sie bereit dazu. Doch es dauert nicht lange, da werden sie schon wieder unruhig.

Ein Bekannter wohnt mittlerweile in Essen. Er sagt, Yousef könne dort eine Ausbildung als Automechaniker machen, es gebe dort Arbeit und vielleicht fänden sie eine Wohnung direkt neben der Universität. »Es ist eine große Stadt mit vielen netten Menschen«, berichtet der Bekannte. Die beiden Brüder vermissen das Gewusel der Großstadt. Sie lockt das Angebot. Endlich etwas Neues. »Wir ziehen jetzt nach Essen«, sagen sie zu Naima. Die ist sauer. »Macht, was ihr wollt, ist mir egal, was aus euch wird. Ihr hört eh nicht auf mich«, sagt sie. Vier Unterrichtsstunden lang würdigt sie die beiden keines Blickes und spricht nur das Nötigste mit ihnen. Danach nimmt sie die Brüder beiseite: »Ihr stellt euch das alles so einfach vor – wie soll Yousef eine Ausbildung machen, wenn er nicht richtig Deutsch sprechen kann?« Eine erboste Naima? Für Mohanad und Yousef ist das ein schlechtes Vorzeichen. Sie entscheiden sich zunächst einmal abzuwarten, ob einer von ihnen eine Wohnung in Oelde bekommt.

Es ist Yousef, der sich diesmal um alles kümmert. Er sucht in der Zeitung nach Wohnungen und meldet sich bei einer der größten Wohnungsbaugesellschaften in Oelde an. Nach kurzer Zeit stößt er auf eine passende Wohnung. Man verspricht ihm, sich zu melden. Doch die Tage vergehen und er hört nichts. Schließlich ist die Wohnung weg.

Über eine Annonce findet er eine andere Wohnung. Sie liegt direkt gegenüber des Fitnessstudios. Die Vermieterin ist sehr nett und sagt Yousef, er sei der Erste, der die Wohnung anschaue, und er könne sie haben. Wenige Tage später soll er den Vertrag unterschreiben. Doch dann ruft ihn die Vermieterin an und sagt, die Wohnung sei doch schon vergeben, an eine Frau. Eigentlich habe sie von vornherein eine Frau gewollt. »Ich bin kein schlechter Mann«, sagt Yousef. Doch die Vermieterin legt auf und schickt Yousef per WhatsApp eine Nachricht. »Es tut mir leid.«

Yousef geht zu seiner Betreuerin im Sozialamt und erzählt ihr von der schwierigen Suche. Die ruft wiederum bei der Wohnungsbaugesellschaft an, sie will Druck machen. Eine Woche später bekommt Yousef die Nachricht, dass er sich eine Wohnung anschauen könne. Sie liegt hinter dem Bahnhof, in der dritten Etage eines Neubaus. Die Küche ist zwar winzig, dafür gibt es drei große Räume mit hohen Fenstern. Der Boden und die Heizung sind neu, nur die Wände müsste Yousef streichen. Es ist Anfang August 2015. Nach zweieinhalbmonatiger Suche hat Yousef endlich sein eigenes Heim gefunden.

Derweil kommen nach Deutschland so viele Flüchtlinge wie nie zuvor. Die meisten stammen aus Kriegs-

und Krisenregionen in Syrien, dem Irak und Afghanistan. Sie haben noch alles vor sich: Erstaufnahmeeinrichtung, Asylantrag stellen und dann das Warten. Wochenlang, monatelang.

Mohanad und Yousef haben das zum Glück hinter sich. Eine der zentralen Fragen, die sie jetzt beschäftigt, ist die, ob sie weiter zusammenwohnen wollen oder nicht. Yousef denkt an die junge Spanierin aus dem Deutschunterricht. Was, wenn daraus mehr wird, sie womöglich heiraten? Dann will er keinesfalls seinen Bruder bei sich haben.

Und auch der wünscht sich gerade nichts sehnlicher, als allein zu sein. Er ist es leid, zu dritt in einem Zimmer schlafen zu müssen, nicht einfach mal seine Klamotten auf dem Boden liegen lassen zu können, ohne dass er aufgefordert wird, aufzuräumen. Wenn er schlafen will, rumoren entweder sein Bruder oder der dritte Mitbewohner im Zimmer herum. Wenn er wach ist, lässt er immer das Licht an – das bringt die beiden anderen auf die Palme.

Mohanad erträgt auch die vielen Besucher nicht länger, die neuerdings im Flur stehen.

Im Sommer 2015 haben die Bundesländer bereits 300 000 Asylbewerber registriert.[27] Auch in Oelde kommen zu der Zeit immer mehr Flüchtlinge an, vor allem Syrer. Zwischen Januar und Juli werden der Kleinstadt 103 Menschen zusätzlich zugewiesen. Das klingt nach wenig. Setzt man die Zahl aber in Relation, wird klar, dass die Kleinstadt zunehmend die Folgen von Krieg und Vertreibung zu spüren bekommt: 2014 wurden im selben Zeitraum 69 Menschen zugewiesen.

Die Neu-Oelder werden auf umliegende Heime verteilt. Doch vor allem die syrischen Flüchtlinge sind am liebsten in der Overbergstraße bei Yousef und Mohanad, sie fragen um Rat oder wollen gemeinsam mit den Jungs essen. Die Brüder verstehen, warum ihre Landsleute hier sind, teilen sie doch ihr Schicksal. Sie sind auch bereit, ihnen zu helfen, doch manchmal wird es Mohanad einfach zu viel: »Hier ist es mittlerweile wie am Bahnhof«, murrt er. Er will endlich seine Ruhe und ist genervt, dass Yousef alle so überschwänglich begrüßt und niemanden abweisen kann.

Mohanads Suche nach einer Wohnung ist glücklicherweise leichter. Nachdem Yousefs Sozialarbeiterin bei der Wohnungsbaugesellschaft angerufen hat, ist man dort bemüht, schnell zu helfen. Nach einer Woche hat auch Mohanad eine Wohnung gefunden, in einem roten Backsteinbau. Ein grau gestrichenes Treppengeländer führt zur roten Eingangstür. Dahinter befindet sich ein großer Raum mit genügend Platz für eine Küche. Die Fenster reichen vom Boden bis zur Decke. Im Schlafzimmer gibt es sogar eine komplette Fensterfront. Das Bad ist riesig. Doch einziehen kann Mohanad erst im September. Bis dahin wird er bei seinem Bruder wohnen.

Am 13. August ist es so weit. Yousef und Mohanad verlassen die Overbergstraße, ihr kleines Hexenhäuschen. Sie machen Platz für die nächsten Flüchtlinge, der dringend benötigt wird.

Alles, was die Brüder mitnehmen, ist das alte Radio aus der Küche, mehrere Koffer voller Kleidung und Yousefs Plüschbär. Von einer Nachbarin bekommt der ältere Bruder ein komplettes Schlafzimmer geschenkt: ein großes weißes Bett, einen Kleiderschrank, Nachttische – und sogar Lampen. Michael holt alles mit seinem Auto und einem Anhänger ab und fährt zur zwei Kilometer entfernten Wohnung. Gemeinsam schleppen sie alle

Möbel das Treppenhaus hinauf. Dabei versuchen sie die Bilder nicht herunterzureißen, die überall hängen: Zeichnungen von Frauen auf dem Feld. Ein Aquarell zeigt ein Fachwerkhaus, an dem ein Bach vorbeifließt. Dörfliche Romantik in einem Haus, das ein Stück harte deutsche Realität widerspiegelt: Hier wohnen fast nur alleinstehende alte Menschen, jeder für sich. Sie beobachten von ihrem Fenster aus, wie Michael, Yousef und Mohanad die Möbel abladen. Sobald sie im Treppenhaus sind, öffnen sich einzelne Wohnungstüren einen Spalt breit. Neugierige Augen blicken den Männern entgegen. Eine alte Dame tritt heraus. Sie ist 85 Jahre alt. Yousef stellt sich ihr vor. Sie nennt ihn »mein Sohn« und führt ihn zu einem kleinen Fensterchen im Hausflur. Dort liegt ein Schlüssel. »Solltest du mich für längere Zeit nicht sehen, dann kann es sein, dass ich etwas mit dem Herzen habe – oder einen Unfall. Dann schau bitte nach mir«, sagt sie zu Yousef. »Kein Problem.« Er zeigt es nicht, aber er ist schockiert über die alte Dame, die so allein zu sein scheint, dass sie auf einen Fremden angewiesen ist.

Und dann kommt Dieter. Er steht plötzlich in Yousefs Wohnung, 70 Jahre alt, rundliches Gesicht, schütteres schlohweißes Haar. Er betrachtet die leere Wohnung. Yousef stellt sich vor. Dieter nennt ihn von nun an immer Josef. »Trinkst du Alkohol, Josef?«, fragt Dieter? »Ja, äh … nein«, Yousef druckst herum aus Angst, dass sein Nachbar misstrauisch werden könnte. Doch der sagt nur: »Ich trinke auch keinen Alkohol. Ist nicht gut für mich. Warum trinkst du keinen Alkohol?« »Das ist Haram, verboten.« Ob es ihn störe, dass er kein Schwein esse und keinen Alkohol trinke, fragt Yousef. »Das ist mir egal, Hauptsache, dein Charakter stimmt«, sagt Dieter. Dann wechselt er plötzlich ins Arabische. »Gott sieht alles«, sagt er und zwinkert. Dieter war früher Fotograf für eine der großen Firmen in der Stadt. Für einen Auftrag reiste er in die syrische Stadt Homs. Dort hat er ein paar Wörter aufgeschnappt. Dieter lädt Yousef zum Frühstück zu sich ein. Dann schlurft er zurück in seine kleine Wohnung. Endlich was los im Haus, denkt sich Dieter. Jetzt beginnt mein zweites Leben, denkt Yousef. Endlich Ruhe, denkt Mohanad.

In der neuen Wohnung fehlt es an allem: Es gibt keine Küche, schon gar keine Teller, kein Besteck, keinen Tisch, keine Stühle, auf die man sich setzen könnte. Michael ruft per Facebook die Oelder um Hilfe. Eine Frau hat eine komplette Küche übrig, die sie eigentlich entsorgen möchte. Michael und Mohanad fahren hin, bauen sie ab und laden sie in Michaels Auto. Dieselbe Frau hat zufällig noch einen Esstisch übrig, der kommt auch noch mit. Zwei Wochen geht das so: Irgendwo steht ein Kühlschrank. Die drei fahren hin, holen ihn ab. Sie verpassen deswegen oft ihren Deutschunterricht. Doch was sollen sie machen, anderen Leuten die Sachen überlassen? Schließlich ist Yousefs Wohnung komplett eingerichtet. Nichts passt wirklich zusammen: Der schwere Esstisch steht auf einem Teppich, der einen weißen Schneeleopard zeigt. Die Stühle zeigen alle möglichen Abstufungen der Farbe Braun.

Im Wohnzimmer liegen tiefrote Deckchen auf Regalen, dazwischen steht ein weißer Tisch mit lilafarbener Tischdecke. Auch an Yousefs Wänden hängen jetzt Bilder, die sehr an die im Treppenhaus erinnern: ein Fachwerkhaus im Grünen, Notenblätter unter einem Blumenstrauß. Neben der grauen Couch steht ein grüner Schaukelstuhl. Eine Puppe aus Stroh mit grünem Kleid schaut von einem Regal herab. Danebensteht eine Kaffeemühle. Die deutsche Gemütlichkeit mit ihrem Nippes hat in Yousefs Heim Einzug gehalten, die bedrückend, aber auch sehr behaglich sein kann. Yousef mag es, er ignoriert Mohanads Bitte, nicht alles so vollzustellen.

Dieter kommt drei Mal täglich vorbei. Er erzählt Yousef und Mohanad von seinem früheren Leben, als er jung war und eine schöne Frau hatte. Er lädt die beiden auch zu sich in die Wohnung ein und zeigt ihnen Fotos, er vor seinem Porsche. »Fantastisches Auto«, sagt Mohanad. »Hast du Kinder?«, fragt Yousef. »Nein, meine Frau wollte keine«, sagt Dieter. »Warum heiratest du nicht noch mal?« »Brauche keine Frau im Leben«, antwortet der Nachbar zu Yousefs Verwunderung. Die Schwätzchen dauern nie lange, mal sitzen sie nur fünf Minuten zusammen. Dann mal eine halbe Stunde. Sie bedeuten Abwechslung in Dieters Leben – und besonders Yousef mag den alten Mann. »Meine Fresse«, sagt der oft. »Meine Fresse«, sagt jetzt auch Yousef immer öfter. Wenn Dieter nicht vorbeikommt, ruft er an. »Was machst du gerade?« »Ich koche.« »Okay.«

Auch Mohanad bereitet sich auf den Umzug vor. Er streicht die Wände seiner neuen Wohnung, kauft weißen Teppich, den er selbst verlegt. Bei Ikea macht er günstige Lampen ausfindig. Die schwarze Ledercouch und den Glastisch bekommt er von Oeldern geschenkt. Anfang September 2015 zieht er in die Wohnung um, die nur zehn Gehminuten von Yousefs entfernt ist. Mohanad mag es eher schlicht, den kitschigen Ölschinken mit Mohnblumen drauf – auch ein Geschenk – hängt er nicht an die Wand. Bei Ebay-Kleinanzeigen findet er sogar eine Einbauküche für 50 Euro. Umziehen ist die eine Sache, aber Mohanad muss jetzt lernen, sich um sich selbst zu kümmern: Kochen, Putzen, Wäschewaschen, Müllrausbringen – alles, was sein Bruder bisher für ihn erledigt hat, soll er nun alleine meistern.

Und tatsächlich kocht Mohanad nach seinem Umzug, Anfang September, das erste Mal für Yousef: Hähnchen mit Kartoffeln. Mohanad genießt die neue Freiheit. Er kann endlich seine Klamotten liegen lassen, ohne dass es gleich mahnende Worte gibt. Doch irgendwann werden die Klamottenhaufen mehr und der Mülleimer beginnt überzuquellen. Mohanad findet alleine wohnen plötzlich gar nicht mehr so toll – und taucht wieder öfter bei Yousef in der Wohnung auf. Und er hilft seinem älteren Bruder. Mohanad geht mit dem Staubsauger durch die Wohnung, auch wenn Yousef ihn immer neckt: »Mein Bruder putzt.« Nur die Küche bleibt vor allem Yousefs Reich – das ist ihm auch lieber so. Denn selbst wenn Mohanad nur Omelett zum Frühstück macht, sieht die Küche aus wie ein Schlachtfeld. Überall liegen Eierschalen herum und die Arbeitsfläche ist verklebt. Und weil Mohanad der Meinung ist, er müsse das Omelett schwungvoll in die Luft werfen, um es dann wieder mit der Pfanne aufzufangen, spritzt das Öl auf die Herdplatten. Mohanad darf in Yousefs Küche deswegen nur Hilfsarbeiten verrichten, wie Gemüse schneiden.

Es ist auch immer noch Yousef, der das Geld der beiden verwaltet. Im Monat bekommt jeder von ihnen 400 Euro Sozialhilfe, davon werden jeweils 100 Euro für die Kaution der Wohnung und den Strom abgezogen. 25 Euro kostet jeweils das Fitnessstudio, dazu kommen zehn Euro Handykosten. Bleiben ihnen pro Person 265 Euro. Sie achten genau darauf, wie sie ihr Geld aufteilen.

Jeden Freitag gehen die Brüder weiterhin zur Tafel. Dort kennt man sie bereits, die Helfer heben für sie das Fladenbrot auf. Yousef sammelt außerdem die Supermarkt-Kataloge mit Angeboten, die in seinem Briefkasten landen. Im Fitnessstudio sehen die beiden Werbung für einen Laden im Nachbarort Herzebrock, der günstig Sportschuhe verkauft. Sie fahren hin und Yousef kauft sich schneeweiße Nike-Sneaker für 40 Euro, die vorher fast das Dreifache gekostet haben. Von nun an trägt er die Schuhe täglich, jeden Schmutzfleck putzt er sofort weg. Das Geld stammt aus ihren Rücklagen. Jeden Monat versuchen die Brüder Geld zu sparen, mal 50 oder 75 Euro. Wenn sie können, lassen sie auch ihren Eltern in Syrien Geld zukommen, durch ein kompliziertes Verfahren, das auf Vertrauen basiert. Sie geben Geld an einen syrischen Bekannten in Deutschland, dessen Familie in Syrien gibt den entsprechenden Betrag weiter an die Eltern der Brüder.

Manchmal reicht das Geld auch, um kleine Träume zu erfüllen. Yousefs Aquarium zum Beispiel. Das Wasserbecken schenkte ihm Michaels Tochter. Doch Filter, Pflanzen und Fische kaufte er sich im Zoogeschäft um die Ecke für insgesamt 80 Euro. Die Fische sind nicht größer als ein Daumennagel, schwarz, orange oder grau mit schwarzen Punkten. Manchmal saugen sie mit ihren Mäulern am Glas. Yousef sitzt daneben, in seinem grünen Schaukelstuhl, den Kaffee in der Hand.

Er liebt sein Aquarium, es bringt ihn zur Ruhe.

Mohanad hat dagegen Träume, die sich jetzt noch nicht erfüllen lassen: Führerschein und ein eigenes Auto. Es fehlt an Geld. Yousef und Mohanad überlegen Minijobs anzunehmen. Bis zu 100 Euro monatlich können sie dazuverdienen, ohne dass das auf ihre Sozialhilfe angerechnet wird. In Pizzerien bitten sie darum, gegen Geld Essen auszuliefern. Doch es gibt keine freien Stellen. Naima vermittelt ihnen ein Vorstellungsgespräch bei einer

Yousef hat sich einen kleinen Wunsch erfüllt. Foto: Antonie Rietzschel

Putzfirma. Flure und Toiletten schrubben – ein Gedanke, der vor allem dem früheren Studenten Mohanad zunächst nicht wirklich behagt. Wieder ist es Naima, die ihm klarmacht: »Manchmal muss man erst mal klein anfangen, Geld stinkt nicht.« Am Ende sagt die Reinigungsfirma jedoch ab. Man stelle keine Araber ein. Die könnten nicht putzen, lautet die Begründung.

In dieser Zeit der Neuorientierung tritt Uwe in Yousefs und Mohanads Leben. Er ist Arzt, deswegen nennen die Brüder ihn immer ehrfürchtig Dr. Brinkmann. In Syrien sind Ärzte sehr hoch angesehen. Dr. Brinkmann und seine Familie haben die Flüchtlingskrise bis zum September 2015 vor allem vor dem Fernseher mitverfolgt. Ein Dach über dem Kopf, Essen, Kleidung – da könne doch die Hilfe nicht aufhören, dachte er sich. Unter den Flüchtlingen gebe es doch sicher Menschen, die lernbegierig seien, die etwas aus ihrem Leben machen wollten. Die möchte Dr. Brinkmann fördern. Er kennt sich gut mit

Computern aus und mit der Anerkennung von Abschlüssen – er weiß wie kompliziert das schon für Deutsche sein kann. Für jemanden, der die Sprache nicht beherrscht, ist es unmöglich. Dr. Brinkmann ruft im Rathaus an, fragt nach einem Ansprechpartner unter den freiwilligen Helfern, dort gibt man ihm den Kontakt zu Michael. Dr. Brinkmann fragt ihn, ob er jemanden wüsste, den man beruflich fördern könne. Michael verabredet ein Treffen.

Waren Michael und Naima bisher so etwas wie die Ersatzeltern für die beiden, wird Dr. Brinkmann zu ihrem Berufsberater. Gemeinsam mit Mohanad recherchiert er, welches Sprachniveau er für die Uni braucht. Ohne C1 scheint es kaum zu gehen. Er lässt Mohanads Abschlüsse ins Deutsche übersetzen und will ihm helfen sie anerkennen zu lassen. »Selbst als Deutscher steigt man da ja kaum durch«, findet er.

Mit Yousef fährt Dr. Brinkmann zur Berufsberatung nach Ahlen, es geht darum, ob Yousef umschulen oder eine komplett neue Ausbildung beginnen sollte. Bald ist es auch nicht mehr nur Dr. Brinkmann, der sich um die Zukunft der Brüder sorgt. Seine Frau geht regelmäßig mit Yousef spazieren, um mit ihm Deutsch zu sprechen. Dafür überwindet der sogar seine Angst vor Hunden. Die Brinkmanns haben gleich drei davon.

Beim Spaziergang soll Yousef auf Deutsch beschreiben, was er sieht: eine Bank, die Farbe der Blätter, einen Zaun. Er bringt der Frau von Dr. Brinkmann dafür arabische Wörter bei. Sie reden über Yousefs Familie und das Leben in Syrien.

Für Yousef sind diese Stunden wichtig. Er muss aus dem Schatten seines kleinen Bruders treten, der so viel besser Deutsch als er spricht und oft in Konversationen für ihn antwortet, ohne dass Yousef ihn bremst. Plötzlich ist Yousef gezwungen für sich zu sprechen. Plötzlich geht es auch darum, was er will. Die Brinkmanns überlegen, welche Ausbildung zu ihm passen könnte: Yousef liebt Kinder und kann gut mit ihnen umgehen. Erzieher? Das kann sich Yousef sich dann doch nicht vorstellen, er glaubt nicht, dass er damit genug Geld verdienen kann. Konditor? Das würde passen, also fragen die Brinkmanns bei einer Bäckerei nach. Doch leider wird nichts daraus. Ein Bekannter meint, Yousef könnte Schlosser werden. Doch dafür ist Yousef zu feinsinnig und auch zu kommunikativ, die Brinkmanns winken ab. »Du bist kein Schrauber.« Und auch Naima, die Deutschlehrerin, sagt: »Du hast mehr drauf. Mit Maschinen arbeiten – das ist die Sache deines Bruders. Du brauchst Menschen um dich.«

Yousef ist seit Juli selbst Flüchtlingshelfer. Er hilft Neuankömmlingen dabei, sich in der Volkshochschule für Deutschkurse anzumelden. Er geht mit ihnen zur Sparkasse, um ein Konto einrichten zu lassen. Er weiß, dass man bei Rossmann billiger Passfotos machen lassen kann als beim Fotografen. Yousef zeigt den Flüchtlingen, wo der Lidl ist. Er macht die Arbeit, die die Mitarbeiter im Rathaus gar nicht leisten können. Es ist seine Art, etwas zurückzugeben. Er stand selbst vor diesen Problemen, ihm wurde von Freiwilligen geholfen. Jetzt hilft eben er, weil er weiß, wie schwierig es sein kann, wenn man anfangs noch nicht die Sprache spricht. Viele der syrischen Flüchtlinge haben mittlerweile seine Handynummer und rufen ihn bei Problemen an. Yousef geht immer ans Telefon, nur manchmal wird es selbst ihm zu viel: »Warum ist mein Geld noch nicht überwiesen?«, fragt ihn ein junger Mann am Telefon. »Das weiß ich doch nicht, ich bin nicht die Bank«, sagt er. Stille am anderen Ende der Leitung.

Auch Mohanad versucht zu helfen, wenn er kann, doch er hat klare Prioritäten: Er würde nie eine Deutschstunde ausfallen lassen, um bei Behördengängen zu helfen. Nach dem Unterricht fährt er sofort nach Hause, um Hausaufgaben zu machen. Mohanad ist seine eigene Zukunft jetzt wichtiger. Deswegen wenden sich die meisten Neuankömmlinge an Yousef. Er wird auch für sie zum großen Bruder, vor ihm haben sie Respekt. Nur Geld kann Yousef damit nicht verdienen.

Mohanad ist ihm da mal wieder einen Schritt voraus. Er hat ein Vorstellungsgespräch in Aussicht. Für ein Praktikum bei einer Firma, die Drahtgeflechte herstellt – für Filtersiebe im Wasserhahn, aber auch für Flugzeugbauteile. Außerdem baut das Unternehmen Abfüllanlagen für alles, was eben verpackt werden muss: Zement oder Hundefutter. Die Hauptniederlassung befindet sich in Oelde, direkt neben dem Bahnhof. Das Unternehmen ist hier einer der größten Arbeitgeber. Mohanad hat von einem Mitschüler gehört, dass man dort viel lernen könne. Also hat sich Mohanad beworben. Michaels Tochter verfasste mit ihm das Bewerbungsschreiben, beim Jobcenter half man ihm mit dem Lebenslauf. Nun hat er tatsächlich einen Gesprächstermin.

Dass man sich selbst für ein Praktikum so förmlich bewerben muss, ist für Mohanad neu. »In Syrien schaut man einfach, wer wen in einem Betrieb kennt, dann geht man kurz vorbei, stellt sich vor und das war's«, sagt er. Kontakte sind manchmal wichtiger als die eigene Qualifikation. Doch hier in Deutschland kann er nicht darauf setzen, er muss sich beweisen. Das macht ihn nervös. Was werden sie fragen? Fachliches? Mohanad versteht zwar mittlerweile fast alles und er kann sich zu vielen Themen äußern. Aber er weiß nicht mal, wie bestimmte Werkzeuge auf Deutsch heißen. Wie nennt man einen Zollstock? Er setzt sich mit einer Bekannten hin. Gemeinsam gehen sie die einzelnen Werkzeuge durch: Phasenprüfer, Schneide-Zange, Kreuzschlitz, Akkuschrauber. Mohanad gibt die Wörter auf Arabisch bei Google-Translator ein oder beschreibt sie – und die Bekannte macht Skizzen. Um das Wort Masse zu erklären, zeichnet sie ein kleines dickes Schweinchen. Auf den runden Bauch schreibt sie »Masse«.

Dr. Brinkmann versucht Mohanad die Angst vor dem Gespräch zu nehmen. Er sagt ihm, dass man ihn persönlich kennenlernen möchte. Dass das ganz normal sei. »Wenn sie dich nicht nehmen, heißt das nicht automatisch, dass du schlecht bist. Vielleicht haben sie gerade keinen Platz frei, wollen sich aber mal ein Bild machen. Wir finden auf jeden Fall etwas für dich!« Dr. Brinkmann begleitet Mohanad zu dem Gespräch, falls es Missverständnisse geben sollte. Da sitzen sie nun zusammen in dem mittelständischen Betrieb. Ende November 2015. Die Anschläge von Paris, begangen durch Kämpfer des sogenannten Islamischen Staat sind nur wenige Tage her. Im Deutschunterricht musste sich Mohanad in den vergangenen Tagen immer wieder rechtfertigen, für seine Religion, die einige der Mitschüler aus Russland, Spanien oder Polen als das größte Übel sehen. Viele Gespräche drehen sich nur noch darum.

In seinem Vorstellungsgespräch geht es zum Glück nicht um dieses Thema. Vor ihm sitzt der Ausbildungsleiter. Er fragt Mohanad nach seinem Leben in Syrien, wo er studiert hat. Was er sich davon verspreche, hier zu sein. Mohanad erzählt von seiner Begeisterung für deutsche Technik. Das ist einer, der wirklich etwas aus seinem Leben machen will, der zielstrebig ist, denkt sich der Ausbildungsleiter. Es sei wichtig, dass er seinen Deutschunterricht fortsetze, sagt er Mohanad. Man könne auch die Arbeitszeiten entsprechend anpassen. Wenige Tage später bekommt Mohanad die Zusage. Er kann am 4. Januar 2016 anfangen, pro Monat bekommt er zusätzlich zur Sozialhilfe 100 Euro.

Yousef freut sich für seinen Bruder. Neid empfindet er keinen, dafür ist er gerade viel zu glücklich. Seine angebetete Spanierin und er nennen sich mittlerweile »Mein Schatz«. Zumindest begrüßen sie sich so im Unterricht. Manchmal legt sie ihren Arm auf Yousefs Stuhllehne und beugt sich herüber, um zu sehen, auf welcher Buchseite sie gerade sind. Dann klopft Yousefs Herz ein bisschen schneller. Zweimal waren sie schon Kaffee trinken. Einmal hat sie bezahlt. Yousef findet das cool. Sie reden über das Leben in Spanien und Syrien. Sogar Yousefs Mutter weiß mittlerweile alles über sie. »Wie geht es ihr? Ist sie gut zu dir? Ist sie schön?«, fragt die Mutter. »Ja, sie ist eine sehr schöne Frau.« Es ist mittlerweile Dezember geworden, nur noch wenige Wochen bis Weihnachten. Vor einem Jahr saßen die beiden Brüder in Wickede-Wimbern. Mohanad, voller Angst, wieder zurück nach Italien abgeschoben zu werden – und Yousef, um seinen Bruder bangend. Jetzt, ein Jahr später, überlegt der ältere Bruder, wohin er seine schöne Frau ausführen könnte. Vielleicht auf den Weihnachtsmarkt von Oelde? Das warme orangefarbene Licht, die hölzernen Büdchen, der Geruch von gebrannten Mandeln, das alles ist schon sehr romantisch. Und das mag Yousef.

Die Flüchtlinge spalten Deutschland

Abgesehen von ihrer Neujahrsansprache schweigt die Bundeskanzlerin in der ersten Hälfte des Jahres 2015. Sie lotet die Stimmung angesichts steigender Flüchtlingszahlen aus. Die Mehrheit der Bürger scheint abzuwarten. Andere wiederum sind als
freiwillige Helfer tätig. Es gibt weiterhin Menschen, die von sich
sagen, sie hätten nichts gegen Flüchtlinge – aber eben nicht
direkt in der Nachbarschaft. Pegida erlebt im Frühjahr 2015
weiter Zulauf. Mittlerweile versuchen Wissenschaftler, die aus
Dresden kommende Bewegung zu erklären. Männlich, gebildet, parteilos – so sieht laut einer Studie der TU-Dresden der
typische Pegida-Demonstrant aus. Leider ist die Untersuchung
nicht repräsentativ, da nur wenige Pegida-Demonstranten dazu
bereit sind, sich befragen zu lassen. Doch die Ergebnisse der
Befragung liefern zumindest einen kleinen Einblick in die Ge-
dankenwelt einiger Pegidisten. Offensichtlich richtet sich ihr Un-
mut weniger gegen Muslime, vielmehr sind sie ganz allgemein
unzufrieden mit den Politikern.[28]

Pegida in Dresden bleibt schwer greifbar. Die Motivation der
Ableger im Rest der Republik ist dagegen recht eindeutig: Ob
Pegida NRW, Thügida oder Mvgida – überall mischen Rechtsextreme mit, die die steigende Zahl von Flüchtlingen für ihre
Zwecke nutzen wollen. Doch sie stoßen in ganz Deutschland
auf großen Widerstand. Tausende gehen auf die Straße, um zu
demonstrieren. Unterstützt werden sie von der lokalen Politik:
In Düsseldorf, Hannover und Köln geht an wichtigen Gebäuden
das Licht aus, wenn Pegida demonstriert. Dass man Rassisten
die Debatte nicht überlassen darf, zumindest darin scheint ein
gewisser Konsens in weiten Teilen Deutschlands zu bestehen.

Immer mehr Flüchtlinge drängen nach Deutschland. Die Bundesregierung korrigiert Mitte August die Zahl der für 2015

erwarteten Flüchtlinge nach oben, auf 800 000.[29] Ein großer Teil der Flüchtlinge stammt aus Albanien, dem Kosovo und Montenegro. Um deren Zahl zu verringern, diskutiert die Bundesregierung diese Länder zu sicheren Herkunftsstaaten erklären zu lassen. Das hätte zur Folge, dass Asylverfahren von Angehörigen dieser Staaten schneller bearbeitet und Abschiebungen schneller angeordnet werden können.

Geholfen werden soll vor allem den Flüchtlingen, die aus Krisen- und Kriegsgebieten kommen. So kündigt das Bundesamt für Migration und Flüchtlinge an, das Dublin-Verfahren für syrische Flüchtlinge auszusetzen. Sie werden nicht wieder in die Länder zurückgeschickt, über die sie in die EU eingereist sind.[30] Ende August bricht schließlich auch Bundeskanzlerin Merkel ihr Schweigen und bestimmt den Kurs der Bundesregierung in der Flüchtlingsfrage. Er lautet: »Wir schaffen das!« Damit stellt sich die Kanzlerin auf die Seite der freiwilligen Helfer und positioniert sich gegen Hetzer in Städten wie Freital und Heidenau. Wo angeblich besorgte Bürger gemeinsame Sache mit Rechtsextremen machen. »Wir schaffen das«, das glauben im August auch die Mehrheit der Deutschen. Laut einer Umfrage von Infratest Dimap haben 57 Prozent der Bevölkerung keine Angst vor mehr Flüchtlingen.[31] Zudem steigt die Zahl derer, die nicht nur Flüchtlinge aus Kriegs- und Krisengebieten aufnehmen würden, sondern auch Menschen, die in der Heimat keine Arbeit haben.

Am 5. September 2015 entscheidet Merkel, die Grenzen für Flüchtlinge zu öffnen, die zu Tausenden in Ungarn festsitzen. Dank einer Ausnahmeregelung, die Merkel in Absprache mit ihrem österreichischen Kollegen getroffen hat, dürfen sie ohne Kontrollen und bürokratische Regeln einreisen. Mit Bussen lässt die ungarische Regierung die Flüchtlinge zur österreichischen Grenze bringen. Mit Zügen geht es weiter nach Deutschland. Am ersten Septemberwochenende erreichen 20 000 Menschen den Münchner Hauptbahnhof. Sie werden mit Beifall begrüßt, Helfer verteilen Kuscheltiere an Kinder. Die Szenen wiederholen sich in anderen Städten. Die Deutschen öffnen ihre Herzen und werden dafür weltweit gefeiert. Das Wort »Willkommenskultur« könnte sich im internationalen Wortschatz durchsetzen, so wie »Kindergarten« und »Blitzkrieg«, heißt es in der britischen Zeitung *Guardian*.[32] Doch in dem Artikel schwingt auch Angst mit. »Es ist bewundernswert, wie Deutschland mit der Flüchtlingskrise umgeht – doch ich fürchte, es wird nicht anhalten.«

Tatsächlich wird aus der Euphorie zunehmend Hilflosigkeit. Die freiwilligen Helfer wissen nicht mehr, wie lange sie noch durchhalten können. Deutschland schließt Teile der Grenze. Der Zugverkehr wird vorübergehend eingestellt. Deutschland braucht eine Pause.

Städte und Kommunen sind zunehmend mit der Situation überfordert, sie müssen innerhalb weniger Tage Raum für Hunderte Flüchtlinge schaffen. Zeltstädte werden errichtet, leer stehende Gebäude notdürftig umgebaut. Dem Volk stellt sich eine große Frage, auf die die Politik bisher keine Antworten hat: Wie sollen wir das schaffen? CSU-Chef Horst Seehofer spürt die Zweifel und lässt keine Chance aus, die Bundeskanzlerin zu kritisieren und zu provozieren: Der Flüchtlingsstatus eines jeden Syrers solle wieder überprüft werden, fordert er. Zur Herbstklausurtagung der CSU lädt Seehofer den ungarischen Rechtspopulisten Viktor Orbán ein. Der wirft der Kanzlerin »moralischen Imperialismus« vor.

Schließlich schaltet sich die Wirtschaft in die Diskussion ein, wirbt darum, den Zuzug von Flüchtlingen als Chance zu begreifen. »Im besten Fall kann es auch eine Grundlage für das nächste deutsche Wirtschaftswunder werden«, sagt Daimler-Chef Dieter Zetsche. Jens Weidmann, Chef der Deutschen Bundesbank, erklärt, Deutschland benötige aufgrund des demografischen Wandels zusätzliche Arbeitskräfte, um seinen Wohlstand behalten zu können.[33]

Tatsächlich wollen viele Betriebe Flüchtlinge als Auszubildende beschäftigen. Seit Jahren finden sie keinen Nachwuchs. Deutschland wird immer älter, die Zahl der Gymnasialabgänger steigt, viele Jugendliche empfinden die Arbeitsbedingungen in Handwerksberufen als zu anstrengend – das alles sind mögliche Gründe, warum zu Beginn eines jeden Ausbildungsjahres Stellen unbesetzt bleiben. Da erscheint es wie eine glückliche Fügung, dass derzeit viele junge Menschen nach Deutschland kommen. Theoretisch könnten sie bereits nach drei Monaten in Deutschland arbeiten beziehungsweise eine Ausbildung anfangen. Flüchtlinge, die einen Ausbildungsplatz finden, sind vor Abschiebung geschützt. Voraussetzung ist, dass sie unter 21 Jahre alt sind und nicht aus sicheren Herkunftsstaaten kommen. Doch Unternehmensverbänden und Opposition reicht das noch nicht aus. Die Duldung gilt immer nur für ein Jahr. Zudem ist sie eine Kann-Vorschrift. Die zuständigen Ausländerbehörden können auch anders entscheiden. Grüne und Wirtschaftsverbände fordern eine gesicherte Aufenthaltserlaubnis für die gesamte Ausbildung.[34]

Deutschland könnte von den Flüchtlingen profitieren, eine Botschaft, die unterzugehen droht in einer zunehmend populistischen Rhetorik. Seehofer kündigt »Notwehr« an. CDU-Vizechef Thomas Strobl sagt an die Flüchtlinge gerichtet: »Wir werden euch schnell wieder zurückschicken, und ihr werdet schnell wieder da sein, wo ihr hergekommen seid, nur werdet ihr noch ärmer sein.«[35] Die Umfragewerte der Kanzlerin sacken immer weiter ab. Der Druck innerhalb ihrer eigenen Partei wächst.

Und auch die Bevölkerung ist zerrissen in der Frage, wie man nun mit den Flüchtlingen umgehen soll. Laut einer Umfrage der Forschungsgruppe Wahlen vom November glauben 48 Prozent, dass Deutschland die Flüchtlinge sehr wohl verkraften kann, genauso viele denken das Gegenteil.[36] 44 Prozent haben Angst vor einer Überfremdung. Pegida hat angesichts der sich verschärfenden Flüchtlingssituation erneut Zulauf bekommen. Im Sommer lagen die Teilnehmerzahlen bei den montäglichen Demonstrationen in Dresden zwischen 2000 und 3000. Mitte Oktober versammeln sich 15 000 bis 20 000 Menschen.[37] In den sozialen Netzwerken verbreiten sich Gerüchte über kriminelle Flüchtlinge und zunehmend rechtsextreme Hetze. Wer sich traut offen dagegen Position zu beziehen, muss wiederum mit Beschimpfungen rechnen. So wie die Journalistin Anja Reschke, die nach einem Fernsehkommentar zum Thema Flüchtlinge Hass-Mails bekam. Argumente scheinen nicht mehr weiterzuhelfen, so die Journalistin.

Die Lage verschärft sich zusätzlich, als der Islamische Staat im November mehrere Attentate in Paris verübt. Auch in Deutschland steigt die Angst vor Terroranschlägen. Sie richtet sich zunehmend gegen die Flüchtlinge. Bei einem der Pariser Attentäter wird ein syrischer Pass gefunden. Vermutlich eine Fälschung. Dennoch stellt sich die Frage, ob sich auch Terroristen unter den Flüchtlingen befinden. Und ist jeder, der sich für einen Syrer ausgibt, wirklich einer? Innenminister Thomas de Maizière hatte behauptet, 30 Prozent der syrischen Flüchtlinge in Deutschland würden mit gefälschten Papieren einreisen.[38] Sie kämen überhaupt nicht aus dem Kriegsgebiet, sondern gäben sich nur als Syrer aus, um bessere Chancen beim Asylverfahren zu haben. Eine Behauptung, die später relativiert werden muss – doch da ist das Gerücht schon wochenlang in der Welt und nicht mehr einzufangen.[39]

Ende 2015 sind aus den 800 000 prognostizierten Flüchtlingen mehr als eine Million geworden.[40] Gleichzeitig ist die Zahl der Angriffe auf Flüchtlingsheime rapide angestiegen[41], unter den Tätern befinden sich Menschen, die zuvor unauffällig waren.

Auf die Willkommenseuphorie des Sommers folgt ein deutlich abgekühlter Herbst und kalter Winter. Der Tiefpunkt wird am 31. Dezember 2015 erreicht werden.

SECHS   Ich versteh's nicht

Ein Stück Alltag ist eingezogen in das Leben von Yousef und Mohanad. Er hat die Angst verdrängt, den Frust. Endlich können die beiden ihr Leben planen. Doch nach einem Jahr in Deutschland haben sich viele Fragen angestaut. Auch wenn sich die Brüder anfangs vor allem mit sich und ihren Problemen beschäftigen, bleiben ihnen im Alltag die Unterschiede, die es im Zusammenleben gibt, nicht verborgen. Und auch die politische Situation wirft viele Fragen auf. Es fällt ihnen schwer, darüber mit ihren deutschen Bekannten zu sprechen – sie haben Angst, sie zu beleidigen. Sie gehen mit ihren Beobachtungen und Fragen zu Naima. Sie teilt nicht nur ihren kulturellen Hintergrund, sondern auch die Erfahrung, neu zu sein. Als Naima 1990 nach Deutschland kam, hatte auch sie Fragen. Und sie hätte sich damals gewünscht, jemand hätte ihr zugehört und versucht ihr alles zu erklären. Sie weiß, wie sich ihre »Ersatzkinder« fühlen.

»Warum behandeln uns die Deutschen wie Kinder?«

Als Yousef und Mohanad nach Deutschland kamen, rechneten sie nicht damit, so freundlich empfangen zu werden. In ihrem Kopf hatte sich das Vorurteil festgesetzt, die Deutschen hätten Angst vor Fremden und seien sehr vorsichtig. In Oelde erleben sie das absolute Gegenteil. Unbekannte Menschen stecken ihnen ihre Telefonnummer zu. Für den Notfall. Mohanad und Yousef sind dankbar, dass sie in der Fremde nicht alleingelassen werden. Doch manchmal haben sie das Gefühl, dass die neuen deutschen Freunde in ihnen nicht junge Männer sehen, sondern kleine Kinder, unmündig und unerzogen. Anfangs freuen sie sich über jeden, der sie in der Overbergstraße besuchen kommt. Doch manchmal steht einer der Nachbarn plötzlich spätabends im Hausflur, wenn die beiden sich fertig machen, um ins Bett zu gehen. Oder am Morgen, wenn sie noch schlafen. Abweisen wollen sie niemanden, das wäre unhöflich. So bieten sie jedem Kaffee an oder Tee. Doch es scheint ihnen, als hätten sie aufgrund ihrer Hilfsbedürftigkeit jedes Recht auf Privatsphäre verwirkt. »Manchmal hatten wir auch das Gefühl, unter Beobachtung zu stehen.« Eine Nachbarin geht wiederholt durchs Haus, um das Licht zu löschen. »Wir sind hier in Deutschland, da müsst ihr sparsam mit Strom und Wasser umgehen«, sagt sie. Das schockiert die beiden Brüder, wird ihnen damit indirekt unterstellt, sie seien verschwenderisch. Doch sie sagen nichts.

Eines Morgens wollen sie den Müll rausbringen. Sie haben keine Ahnung, dass der Abfall in Deutschland getrennt wird. Bio-Abfall, Plastik, Papier – alles landet bei ihnen in einer Mülltüte. Plötzlich schießt eine Dame aus

einem der Nachbarhäuser und redet auf sie ein. Mohanad und Yousef verstehen sie nicht, zu schnell sprudeln
die deutschen Sätze hervor. Doch der Tonfall sagt ihnen,
dass ihnen gerade die Leviten gelesen werden. »Mittlerweile verstehen wir die Mülltrennung und warum das
wichtig ist. Aber woher sollten wir das damals wissen.
Keiner hat uns das erklärt«, sagt Mohanad. »Ich hätte mir
gewünscht, die Dame hätte damals einfach ruhig mit uns
gesprochen und dabei vielleicht gelächelt.«

»Warum spielt die Familie in Deutschland keine wichtigere Rolle?«

Mohanad und Yousef telefonieren jeden Tag mit ihrer
Mutter. Sie erzählen ihr, was sie gegessen haben, was
sie noch essen werden, was sie machen – jedes kleine
Detail. Trotz der Ferne fühlt sich besonders Yousef für
seine Familie verantwortlich, macht ihr Mut und tröstet
seine kleine Schwester. Er nennt sie »Schlumpfinchen«.
Gerade wünscht sie sich eine neue Puppe, doch die Eltern
haben dafür kein Geld. »Sobald wir ein bisschen was
übrig haben, schicken wir Geld nach Syrien – dann be-
kommst du vielleicht deine Puppe.«
    Die Familie spielt in Syrien eine wichtige Rolle. Cousins
stehen sich so nah wie Geschwister oder beste Freunde.
Gute Beziehungen zu Familienmitgliedern sind nicht
selten auch für die berufliche Zukunft wichtig. Als
Michael Mohanad erklärt, er habe seinen Sohn das letzte
Mal vor zwei oder drei Wochen gesehen, kann der es
nicht glauben. Die beiden leben in ein und derselben
Stadt. Wenn sie sich treffen, verabreden sie sich ganz
offiziell, mit Datum und Uhrzeit. Mohanad und Yousef

waren es in Syrien gewohnt, mindestens einmal die Woche jemanden aus der Familie zu besuchen. »Dafür brauchen wir aber keinen Termin. Wir rufen kurz an, sagen: ›Ich komme vorbei‹. Und das war's – oder wir kommen einfach so zu Besuch, ohne Bescheid zu sagen«, sagt Yousef. Selten dauern die Gespräche nur zehn Minuten. Stattdessen wird stundenlang über alles Mögliche geredet und gelacht. Dass ein alter Mann wie Dieter in Deutschland allein bleibt, ohne jemals Besuch von der eigenen Familie zu bekommen, das kann Yousef nicht verstehen

»Warum streiten Kinder offen mit ihren Eltern?«

Mohanad fragt Michael, warum sein Sohn überhaupt woanders lebt, wenn sie doch in derselben Stadt wohnen. Der Junge sei 18, er habe das Recht auf sein eigenes Leben, antwortet der. Für Mohanad ist das keine zufriedenstellende Erklärung. Er und Yousef können grundsätzlich nicht verstehen, warum man überhaupt zu Hause auszieht, ohne einen triftigen Grund dafür zu haben. Entweder heiratet man oder man geht in eine andere Stadt, um zu studieren oder zu arbeiten, so war es in Syrien. Und auch wenn man fortzieht, tut man alles, um regelmäßig im Kontakt mit der Familie zu stehen. Alles andere kommt für die Brüder einem Bruch mit dem Elternhaus gleich. »Wir lieben unsere Familie so sehr. Man ruft seine Eltern jeden Tag an, um zu sagen, wie es einem geht«, sagt Yousef.

Für ihn und seinen jüngeren Bruder ist es wichtig, in Harmonie zu leben. Dazu gehört auch, dass man sich nicht offen mit den Eltern streitet. Familie, das bedeutet für sie bedingungslose Liebe. Alles, was die Eltern für sie tun, sei es auch auf den ersten Blick ungerecht oder widersprüchlich, geschieht aus Liebe. Der Koran lehrt sie zudem, Respekt vor den Eltern zu haben. Sie würden weder ihre Mutter noch den Vater anschnauzen. Das Bedürfnis zu rebellieren, hatten sie nie. So wurden sie erzogen. Die Mutter oder der Vater haben sich selbst nie offen gegen ihre Eltern aufgelehnt – aus Respekt vor dem Alter.

Mohanad hat in Deutschland mehrmals miterlebt, wie eine Bekannte mit ihrem Vater lauthals stritt, ein Schock für ihn. Weder er noch sein Bruder haben jemals die offene Konfrontation mit den Eltern gesucht. Sie versuchten sich in der Schule oder später im Studium zu behaupten. Aber nicht in der Familie. Natürlich kam auch bei Yousef und Mohanad der Punkt, an dem sie merkten, dass die Ratschläge ihrer Eltern nicht immer ihren eigenen Wünschen entsprachen. Die Lösung: einfach machen, ohne große Diskussion. Als Mohanad erklärte, er wolle nach der Schule unbedingt in Homs studieren, waren seine Eltern dagegen. Denn dort wäre er außer Reichweite. Mohanad bewarb sich trotzdem. Als er die Zusage bekam, stellte er seine Eltern vor vollendete Tatsachen.

»Warum sind deutsche Frauen nicht femininer?«

Enge Shorts, Bikinis, kurze Röcke – daran haben sich Mohanad und Yousef schnell gewöhnt. Am Anfang war es schockierend für sie, im Sommer überall nackte Beine zu sehen. »Bei uns in Syrien gelten solche Frauen als billig«, sagt Mohanad. »Doch seitdem wir hier sind, haben wir gemerkt, dass das schlicht ein bestimmter Kleidungs-stil ist.« Sie sind es gewohnt, dass Frauen in der Öffent-lichkeit Röcke tragen, die mindestens übers Knie gehen. Am Strand von Latakia sahen sie vor allem Badeanzüge oder Burkinis.

Die Frauen in Syrien zeigen weniger Haut, dennoch haben Mohanad und Yousef sie als sehr weiblich in Erin-nerung. »Sie sind einfach viel femininer«, sagt Mohanad. Allein im Gang gebe es einen riesigen Unterschied zwi-schen Araberinnen und Deutschen. Mohanad läuft ganz gerade, setzt mechanisch ein Bein vor das andere. »Deut-sche Frauen laufen ein bisschen wie Soldaten«, sagt er. Dann versucht er im Gang mehr die Hüften schwingen zu lassen. »So läuft eine Araberin. Sie zeigt: ›Hier bin ich, ich bin schön!‹«

»Warum wollen die Frauen hier nicht heiraten?«

Diese Frage beschäftigt vor allem Yousef. In Syrien wäre er längst verheiratet. Seine Familie hatte die Ehe mit sei-ner Cousine Buschra arrangiert. Yousef wünscht sich nichts sehnlicher, als eine Familie zu gründen. In Syrien dürfen nur Ehepartner Sex haben. Yousef fällt es schwer, sich einfach von dieser Prämisse zu verabschieden. Das Problem: Er findet keine Frau in Deutschland, die bereit ist, sich so zu binden. »Hier kommt erst der Spaß, dann der Ernst«, sagt Yousef. »Bei uns ist das andersherum.«

Die Beziehung zwischen Mann und Frau ist ein großes Thema für die Brüder. Dass Partner ständig wechseln können, ist für sie neu. Ihnen geht das alles zu schnell. Aus Syrien sind sie es gewohnt, Frauen den Hof zu machen. Dabei haben sie immer im Blick, was die Angebetete später als Mutter an die Kinder weitergeben könnte. Auch Mohanad war schon einmal verliebt, seitdem er in Deutschland ist. Doch für ihn war es schwer zu ertragen, wie seine Freundin mit ihrem Vater umsprang, wie sie ihn vor ihm herunterputzte. Auch deswegen hat er die Beziehung beendet. Was, wenn sie sie dieses respektlose Verhalten den Kindern vorlebt, dachte er. Dass er irgendwann entspannt eine Beziehung führen können wird, ohne gleich an potenzielle Kinder zu denken, davon ist zumindest Mohanad überzeugt. »Mit der Zeit werde ich mich sicher daran gewöhnen.« Für Yousef steht dagegen fest: Er will keine Freundin, sondern eine Ehefrau. Seine Frau kann arbeiten, wenn sie will, sie schmeißen zusammen den Haushalt – kein Problem. Aber vorher wird geheiratet.

»Welchen Sinn hat Elternzeit?«

Naima hat dieses Thema im Deutschunterricht durchgenommen. Vor allem bei Mohanad stößt es bis heute auf Unverständnis. Er versteht nicht, warum es wichtig ist, dass auch der Vater zu Hause bleiben kann. »Das Kind braucht doch vor allem die Mutter, sie ist viel sensibler als der Mann«, sagt er. »Was soll ich denn mit dem Kind machen?« Naima hat versucht ihm das zu erklären: »Du bist jede Sekunde mit deinem Kind zusammen, du erlebst mit, wenn der erste Zahn kommt, die ersten Schritte. Das ist doch toll.« Yousef findet es dagegen großartig, dass es so etwas wie Elternzeit gibt. Er liebt Kinder. Und er erinnert sich immer wieder daran, wie seine kleine Schwester einst als kleines Baby in seinen Armen geschlafen hat. Für ihn einer der schönsten Momente.

»Ist Homosexualität wirklich normal?«

»Schwul« – in Syrien ist das eines der schlimmsten Schimpfworte. Vor dem Bürgerkrieg drohte für gleichgeschlechtlichen Sex eine dreijährige Gefängnisstrafe.[42] Durch den Krieg hat sich die Situation verschlimmert. Fallen Homosexuelle islamistischen Gruppen in die Hände, müssen sie mit Folter und dem Tod rechnen.[43] Dass in Deutschland schwule und lesbische Pärchen offen zusammenleben, war für Mohanad zunächst unvorstellbar. In Dortmund sah er zum ersten Mal, wie sich zwei Frauen auf offener Straße küssten. Eine Bekannte erklärte ihm, dass es völlig normal sei, wenn Männer Männer lieben und Frauen Frauen. »Müssen sie vielleicht zu einem Arzt?«, fragte er sich dennoch. »Die Natur hat doch den Plan, dass wir uns fortpflanzen. Das geht doch nicht, wenn ein Mann Gefühle für einen Mann hat.« Heute zerbricht sich Mohanad über dieses Thema kaum noch den Kopf. »Für mich ist es noch immer nicht normal – aber ich akzeptiere das. Die Menschen sollen glücklich sein«, sagt er. Vor Kurzem hatte er einen Aha-Moment. Er sollte einem jungen Syrer bei der Anmeldung für einen Deutschkurs helfen. Dass der sich jedoch eigentlich als Frau fühlt, blondierte Haare und lackierte Fingernägel hat, davon hatte keiner etwas gesagt. Mohanad war kurz verwirrt, dann stellte er sich vor und tat das, was von ihm erwartet wurde: helfen.

»Warum muss man Alkohol trinken, um Spaß zu haben?«

Im vergangenen Jahr gab es viele erste Male für die beiden Brüder, darunter Mohanads erster Discobesuch. In Syrien traf er sich mit Freunden meist in Cafés, um Wasserpfeife zu rauchen. Gefeiert wurde vor allem auf privaten Festen, wie Hochzeiten. In Oelde lädt ein Albaner Mohanad ein, tanzen zu gehen. Schon als er den Raum betritt, fühlt er sich fremd: Die Musik ist ohrenbetäubend laut, Menschen stehen dicht aneinandergedrängt in der Dunkelheit – und es riecht nach Alkohol. Weder Mohanad noch Yousef haben jemals an einem Bier oder einem Glas Wein genippt. Ihre Religion verbietet es ihnen, Alkohol zu trinken.

An der Bar steht eine junge Frau, die Mohanad anschaut. Sie beugt sich zum Barkeeper herüber. Plötzlich steht vor Mohanad ein Bier. Er ist verdutzt, noch nie hat ihm eine Frau ein Getränk ausgegeben. Er bedankt sich, lässt die Flasche jedoch stehen. »Warum trinkst du nicht«, fragt ihn die Frau. »Ich trinke keinen Alkohol«, antwortet Mohanad. »Bist du mit dem Auto da?« »Nein, ich trinke einfach nicht.« »Hast du irgendein Problem?« »Ich trinke einfach nicht.« »Aber es macht glücklich.« Mohanad schaut auf die Leute um sich herum, einige sehen tatsächlich glücklich aus, lachen laut, tanzen. Mohanad hatte in Syrien auch ohne Alkohol immer Spaß. Seit seinem Ausflug in die Disco war er nicht mehr aus. »Am Ende geht es oft darum, gemeinsam zu trinken – da bin ich dann der Außenseiter«, sagt er.

**»Warum werde ich aufgrund meines Aussehens
öfters von der Polizei kontrolliert als andere?«**

Mit Menschen in Uniform verbindet Yousef fast ausschließlich negative Erfahrungen: Auf seiner Flucht aus
Syrien wurde er von Beamten verprügelt, dasselbe passierte in Italien. Mit der deutschen Polizei hatte er bisher keine Probleme. Dennoch reagiert er stets ängstlich,
wenn sie in der Nähe ist. Eines Tages ist er mit einem
Freund auf dem Weg zum Deutschunterricht, die beiden schieben ihre Fahrräder und sind in ein Gespräch
vertieft. Plötzlich hält vor ihnen ein Polizeiauto. Yousef
bekommt Schweißausbrüche, hat das Gefühl sein Herzschlag setze aus. Ein Polizist kommt auf ihn zu.
»Papiere«, sagt er. Yousef wirft vor Schreck sein Fahrrad
auf den Boden. Seine Beine sacken weg und er fällt hin.
Er rappelt sich wieder auf, zieht sein Portemonnaie aus
der Tasche und holt seinen Ausweis heraus. Plötzlich hält
ein zweites Polizeiauto, eine Polizistin steigt aus. Sie erkennt Yousef, weiß, dass er ab und zu Flüchtlingen im
Rathaus bei der Übersetzung hilft. »Tut uns leid«, sagt
sie. Die Polizisten steigen wieder in ihre Autos und fahren davon. In der Volkshochschule kommt er völlig aufgelöst an. »Ich habe doch nichts getan, warum wollten
die meine Papiere sehen?« Naima versucht ihm zu erklären, dass das Routine sei und nichts zu bedeuten habe,
dass Migranten, die klar als solche zu erkennen sind,
öfter von der Polizei kontrolliert werden. »Ich habe dieselben Erfahrungen gemacht – das ist normal.« Yousef
sieht das anders. Er findet es unfair, dass er von der Polizei anders behandelt wird als die Deutschen.

»Warum haben so viele Menschen Angst
vor uns und unserer Religion?«

Mitte November 2015 befindet sich Paris im Ausnahme-
zustand. Mitglieder der Terrorgruppe »Islamischer Staat«
verüben mehrere Anschläge, bei denen 130 Menschen
sterben. Einer der Attentäter reiste offenbar mit einem
syrischen Pass ein. Mohanad sitzt an dem Abend zu
Hause bei Yousef vor dem Fernseher und schaut sich das
Fußballspiel zwischen Deutschland und Frankreich in
Paris an, als plötzlich die Meldung erscheint, es gebe
mehrere Explosionen in der Stadt. Sofort schnappt sich
Mohanad das Handy, liest jedes News-Update. Er sieht
Bilder von weinenden Menschen. Mohanad kann es nicht
glauben, der Terror, vor dem so viele geflohen sind, ist in
Europa angekommen. Hier, wo sie sich sicher fühlten.
Yousef schläft zu der Zeit bereits, er bekommt erst am
nächsten Morgen mit, was passiert ist. Die Brüder sind
sich einig: Das ist eine Katastrophe. Gerade lief für sie
alles so gut. Was, wenn Deutschland jetzt aus Angst die
Regelungen für Asylbewerber verschärft?

Muslimische Verbände in ganz Deutschland distanzie-
ren sich von den Anschlägen. Ihre Religion werde von
einer radikalen Minderheit missbraucht. Doch sie können nicht verhindern, dass Islamkritiker sich in ihrer
Haltung bestätigt fühlen, diese Religion fördere Terror
und Gewalt. Mohanad und Yousef haben Angst, dass sie
wegen ihres Glaubens angegriffen werden könnten. Sie
spüren die skeptischen Blicke im Supermarkt – da kann
auch Yousefs freundliches »Guten Tag« nichts mehr aus-
richten.

Auch im Deutschunterricht sind die Anschläge ein

großes Thema. Es sei das Ziel von Muslimen, die ganze Welt zu erobern, diese Sichtweise ist unter den Mitschülern von Mohanad und Yousef verbreitet. Nach Paris fühlen sie sich bestätigt. Die Brüder haben das Gefühl, sich verteidigen zu müssen. »Im Koran steht ganz groß: Du darfst nicht töten. Das ist eine große Sünde«, sagen sie. Es fällt ihnen schwer, ihre Gedanken in die deutsche Sprache zu übersetzen, zu aufwühlend ist das Thema. Naima, selbst Muslima, hilft: »Die Menschen, die diese Anschläge verübt haben, das sind Terroristen – sie missbrauchen unsere Religion.«

Auf die Anschläge in Paris folgen die Übergriffe in Köln in der Silvesternacht 2015. Wie viele Deutsche, so sind auch Mohanad und Yousef schockiert. Sie stellen sich dieselben Fragen: Warum benehmen sich Menschen in einem Land so daneben, das seine Türen öffnet für Menschen in Not? Woher kommt das? Die Deutschen diskutieren über das Frauenbild in muslimischen Gesellschaften. Mohanad und Yousef stehen plötzlich unter Generalverdacht, qua Religion frauenfeindlich und sexistisch zu sein. Beide macht das traurig. »Das, was da in Köln passiert ist, beschämt mich, als Muslim und als Mann«, sagt Mohanad. Die Brüder würden sich wünschen, dass nicht alle Muslime pauschal verurteilt werden. »Wir üben die Religion unterschiedlich aus. Wir beide beten, lesen im Koran – das ist alles«, sagt Yousef. »Für mich ist der Koran vor allem ein Buch, das zum Nachdenken anregen soll. In schwierigen Phasen macht es mir das Leben leichter.«

Pegida, Übergriffe auf Flüchtlinge und die Stimmung nach der Silvesternacht haben auch ein Stück weit Yousefs und Mohanads Sicht auf Deutschland verändert. Es gibt Orte, die ihnen jetzt Angst machen. Dresden gehört dazu, aber auch Köln. Sie haben in den Nachrichten gesehen, dass in der Karnevalshochburg »Bürgerwehren« Jagd auf Flüchtlinge machen, und fühlen sich verunsichert.[44]

»Warum schaut ihr dem Sterben in Syrien tatenlos zu?«

Auch wenn die Brüder in Deutschland leben, denken sie jeden Tag an die Situation in ihrer Heimat. Yousef schaut sich auf Facebook grausame Videos an, tausendfach von anderen Syrern geteilt: Soldaten, die einen Mann auf den Boden drücken, einer presst seine Waffe gegen die Beine des wehrlosen Mannes, während ein anderer mit einem Stock auf dessen Bauch einprügelt. In einer anderen Szene ist zu sehen, wie der Soldat auf dem Brustkorb des fast leblosen Mannes steht. Als die syrische Armee die Stadt Madaya belagert und es dort im Januar 2016 zur Hungersnot kommt[45], schaut sich Yousef stundenlang Bilder ausgemergelter Menschen an, halbtote Kinder, die in die Kameras starren. »Das könnte auch mit unseren Eltern geschehen«, sagt Yousef. Deswegen möchte er, dass sie so bald wie möglich Syrien verlassen und auch nach Deutschland kommen. Doch Mohanad glaubt nicht, dass es ihnen hier gut gehen würde. »Du musst bereit sein, dich an bestimmte Regeln anzupassen – unsere Eltern sind schon älter, für die wäre das zu schwer.« Außerdem dürfe sein sein Land nicht völlig ausbluten. Vielmehr müsse jetzt endlich eine politische Lösung für das Land gefunden werden. »Das ist jetzt kompliziert, wo der Islamische Staat da ist«, sagt Mohanad.

Bevor der Krieg begann, war die Lösung für die Brüder eindeutig: Weg mit Baschar al-Assad. Als der Diktator nicht abtritt, hofft Mohanad auf internationalen Druck. Doch die Zeit vergeht. Mitte August 2012 droht US-Präsident Barack Obama mit einem Militäreinsatz, sollte Assad Chemiewaffen einsetzen. Im April 2013 heißt es, die US-Regierung sehe es als erwiesen an, dass das Gift Sarin zum Einsatz gekommen sei.[46] Die gegen Assad kämpfenden Rebellen sollen Unterstützung in Form kleinerer Waffen und Munition bekommen. Keine angemessene Reaktion, findet Mohanad. »Bevor der IS kam, hat die ganze Welt nur zugeschaut, was da in unserem Land passiert – ob da Menschen starben, war völlig egal«, sagt Mohanad. Das Thema macht ihn unglaublich wütend. Er versteht nicht, warum Deutschland sich nicht mehr einmischt. Schließlich sei es durch die Zahl der Flüchtlinge direkt betroffen.

Mohanad und Yousef haben keine Hoffnung mehr, dass der Krieg in naher Zukunft ein Ende haben könnte. Die Luftschläge seitens der internationalen Militärallianz halten die Brüder für wenig effektiv. »Die IS-Kämpfer verstecken sich hinter den Zivilisten – tötest du 100 Terroristen, stirbt vielleicht auch ein Kind. Wer gibt dir das Recht dazu?«, sagt Mohanad.

»Warum baut Europa Zäune?«

Die Brüder verstehen, dass die Menschen in Deutschland Ängste angesichts der Flüchtlingssituation haben. Doch aufgrund der aktuellen Lage sehen sie die Regierung in der Pflicht, zumindest alle Syrer aufzunehmen. »Gäbe es keinen Krieg, wären wir nicht hierhergeflohen«, sagt Mohanad. »Die Leute wollen leben, arbeiten, Geld verdienen«, sagt Yousef. Natürlich sehen die Brüder, welche

Probleme der Anstieg der Flüchtlingszahlen mit sich bringt: Es gibt nicht genügend Plätze, auf den Behörden ist man überfordert. Doch das sei doch nicht so dramatisch, finden Yousef und sein Bruder. »Die Deutschen haben einen hohen Lebensstandard – ich habe das Gefühl, sie haben Angst davor, etwas abgeben zu müssen«, sagt Mohanad. Deutschland, so glaubt er, könne noch viel mehr Flüchtlinge verkraften, auch aus anderen Ländern.

Die Brüder bewundern Angela Merkel. Als sie Ende August 2015 erklärte »Wir schaffen das«, war Mohanad begeistert von der Stärke der Bundeskanzlerin. »Das ist eine toughe Frau, die haut auf den Tisch.« Allerdings würde er sich wünschen, dass sie bei den Friedensverhandlungen für Syrien ähnlich resolut auftreten würde. »Mutter von Europa«, nennt Yousef Angela Merkel. Dass an den EU-Außengrenzen nun Zäune entstehen, macht ihn vor allem traurig. »Den Menschen, die kommen, wird das Recht auf Leben verwehrt.« Syrern gäbe man damit überhaupt keine Alternative zu einem Leben unter Baschar al-Assad oder dem IS.

»Wann hört ihr auf, uns wie Flüchtlinge zu behandeln?«

Yousef und Mohanad waren besonders zu Beginn ihres Aufenthalts in Deutschland auf die Hilfsbereitschaft anderer angewiesen. Den Neubeginn mit eigener Wohnung und Praktikum hätten sie nicht ohne fremde Hilfe geschafft, das wissen die Brüder. Sie sind dankbar dafür. Gleichzeitig ist ihnen ihr Status unangenehm. Sie empfinden sich als Bittsteller, trauen sich nicht, bestimmte Spenden abzulehnen, aus Angst, sie könnten als undankbar gelten. Die Brüder wollen etwas zurückgeben, helfen bei Umzügen oder renovieren – manchmal haben sie keinerlei Kontrolle mehr darüber, wem sie wann helfen. Termine werden einfach vereinbart, ohne Rücksprache zu halten. Die Jungs müssen springen, verpassen darüber auch ihren Deutschunterricht. Ihnen fällt es schwer, Nein zu sagen, denn sie fühlen sich in der Schuld. Das wird ihnen auch immer wieder vor Augen geführt: »Ach die Lampe, die ich dir geschenkt habe, sieht da aber gut aus.« Manche Helfer scheinen in einem offenen Wettbewerb zu stehen, wer wie wann geholfen hat. Aus Syrien sind die Brüder es gewohnt, dass man sich unterstützt, ohne offen darüber zu sprechen. Denn das verletzt die Würde.

Die Jungs arbeiten hart daran, unabhängig zu sein von Sozialhilfe und Spenden. Doch in den Augen einiger Helfer bleiben sie hilfsbedürftige Flüchtlinge. Für die kalten Tage hat sich Yousef eine schwarze Jacke gekauft. Einer der Helfer sagte zu ihm: »Die habe ich dir geschenkt, richtig? Steht dir gut.« »Nein, die habe ich mir selbst gekauft«, sagt Yousef. »Du?«, wirft der Helfer ungläubig zurück. Das verletzt Yousef.

Das Bauchgefühl regiert

Nach den Ereignissen in Paris ist die deutsche Polizei in Alarm-
bereitschaft. In der Silvesternacht gibt es Hinweise auf einen
möglichen Terroranschlag in München. Der Hauptbahnhof wird
vorsichtshalber gesperrt, doch alles scheint unter Kontrolle.[47]
Auf den Terror anderer Art, der sich in der Nacht in anderen
deutschen Großstädten abspielt, ist keiner vorbereitet. In Köln
versammeln sich zwischen Dom und Hauptbahnhof 1000 Menschen. Frauen, die versuchen, sich einen Weg zu bahnen, werden von den stark alkoholisierten Männern sexuell belästigt
und teilweise beklaut. Die Polizei ist offenbar völlig überfordert – in der Silvesternacht aber auch in den Tagen danach. In
einer Pressemitteilung zieht sie folgende Bilanz: »Ausgelassene
Stimmung, Feiern weitgehend friedlich«. Zu den Vorkommnis-
sen am Bahnhofsvorplatz heißt es lediglich, man habe die Fläche kurzfristig räumen müssen, um eine Massenpanik durch
Zünden von pyrotechnischer Munition zu verhindern.
Erst die nächsten Tage bringen ans Licht, was sich in dieser
Nacht wirklich abgespielt hat. Dass es sich bei den Tätern zu-
meist um Männer mit arabischer oder nordafrikanischer Herkunft (vor allem Marokkaner) gehandelt hat, darunter mög-
licherweise auch viele Flüchtlinge. Sie griffen Frauen an den
Hintern, zwischen die Beine und an die Brüste – Mitte Februar
2016 liegen der Polizei mehr als 1000 Anzeigen vor.[48]
Von einem »nordafrikanischen Sex-Mob«, schreibt der rechte
Kopp-Verlag.[49] Flüchtlinge dürften jetzt nicht unter Generalver-
dacht gestellt werden, sagt Innenminister Thomas de Maizière.
Doch dafür ist es zu spät. Denn wichtiger als die Opfer, schei-
nen die Täter zu sein. Die Diskussion dreht sich – auch zu
Recht – um das Frauenbild in der arabischen Welt sowie im
Islam. Männer könnten ganz selbstverständlich über Frauen

verfügen und sexuelle Gewalt sei praktisch die Regel. Was dabei übersehen wird, ist, dass das so nicht in allen muslimischen Ländern akzeptiert wird. Und: Eine Macho-Kultur hat nicht automatisch sexualisierte Gewalt zur Folge.[50] Dazu kommt, dass es sich bei einigen Tätern wohl um Mitglieder krimineller Banden handelte.[51]

Die Übergriffe in Köln – aber auch in Hamburg, Frankfurt und Stuttgart verändern Deutschland. Vor allem Frauen haben Angst, alleine unterwegs zu sein. Sie fühlen sich unsicher, wenn ihnen auf einer leeren Straße ein junger Mann mit dunkler Hautfarbe entgegenkommt.

Die Silvesternacht stört auch das Vertrauen in Angela Merkels Credo »Wir schaffen das«. Selbst Menschen, die sich bisher für Asylbewerber eingesetzt haben, zweifeln nun. Polizei und Medien werden dafür kritisiert, dass sie die Herkunft der Täter kaum thematisiert haben. Viele in Deutschland glauben, dass sie darüber getäuscht werden, wie es wirklich um die Flüchtlinge steht und wie häufig sie kriminell werden.

Das Bauchgefühl regiert. Pegida und der Partei Alternative für Deutschland spielt das in die Hände. Selbstbewusst stellen sie ihr »Wir haben es ja schon immer gewusst« zur Schau. Ausgerechnet die, die sich bisher wenig um Gleichberechtigung geschert haben, schwingen sich zu den Beschützern der deutschen Frau auf. Neue, hässliche Worte werden geboren: »Rapefugee«, dieser Begriff taucht zum ersten Mal auf einem Transparent bei einer Demonstration von Pegida NRW in Köln auf. T-Shirts mit dem Aufdruck werden bei den späteren Demonstrationen in Dresden zum Verkaufsrenner.

Die Bundesregierung reagiert auf die Verunsicherung mit zahlreichen Forderungen und Gesetzesänderungen: Kriminelle Flüchtlinge sollen in Zukunft leichter als bisher abgeschoben werden, darauf einigen sich Justizminister Heiko Maas und Innenminister Thomas de Maizière. Ausweisungen soll es nun schon bei Bewährungsstrafen geben. Vizekanzler Sigmar Gabriel fordert, die Betroffenen sollten ihre Haftstrafe im Heimatland absitzen, doch ob das rechtlich überhaupt umsetzbar ist, muss erst geprüft werden. Die bayerische Staatsregierung fordert zudem, die Liste sicherer Herkunftsländer zu erweitern, beispielsweise um Marokko und Tunesien.[52]

Bundeskanzlerin Merkel sieht sich immer mehr bedrängt von ihrer eigenen Partei, in der Flüchtlingspolitik umzuschwenken. Bundestagsabgeordnete der CDU schreiben ihr Ende Januar 2016 einen Brandbrief. Und auch im Kabinett rumort es. Verkehrsminister Alexander Dobrindt fordert von Merkel einen Plan B.[53] Doch Merkel hat keinen.

SIEBEN   Dreamland Deutschland

Das Handydisplay zeigt eine erschöpft aussehende Frau.
Das schwarze Haar rahmt ihr Gesicht ein. Sie lächelt,
doch unter den Augen liegen dunkle Schatten. Yousef
weiß nie, wann seine Mutter anruft – es hängt davon ab,
ob sie ihr Handy aufladen konnte, bevor wieder mal der
Strom ausfällt. Mehr als ein Jahr ist vergangen, seitdem
Yousef und Mohanad das Land verlassen haben. Seitdem
hat sich viel verändert – auch für ihre Familie zu Hause in
Syrien. Weil Damaskus nicht mehr sicher ist, wohnen die
Eltern gemeinsam mit den Geschwistern in einer Stadt
im Westen des Landes, die derzeit noch im Einflussge-
biet von Baschar al-Assad liegt.[54] Sie leben von der Rente
des Vaters und dem Geld, das die beiden Söhne in
Deutschland entbehren können. Um Brot oder Gemüse
zu kaufen, müssen sie manchmal stundenlang anste-
hen. Wasser wird mit Tanklastern angeliefert. Kürzlich
wurde zudem die Großmutter ins Krankenhaus einge-
liefert, ihr ist ständig schwindelig. Zumindest gibt es im
Krankenhaus durchgehend Strom, die medizinische Ver-
sorgung funktioniert – noch. Jeden Tag will Mohanads
und Yousefs Mutter wissen, wie es ihren Söhnen geht.

Die Antwort beschämt die beiden angesichts der Entfernung und der schwierigen Situation in Syrien. Während ihre Familie leidet, geht es ihnen gut.

Mohanad macht so große Fortschritte im Deutschunterricht, dass er Ende Januar 2016 zwei Kurse parallel belegt. Sein Praktikum hat er auch begonnen. In der Nacht vor seinem ersten Arbeitstag konnte er nicht schlafen. Um sieben Uhr morgens sollte er da sein, er kam eine Viertelstunde früher. »Guten Morgen«, sagte er, so wie er es im Deutschunterricht gelernt hat, und bekam ein »Moin Moin« zurück. Es wird Mohanads neue Begrüßungsformel.

Sein Arbeitsplatz ist ein länglicher Raum, beleuchtet durch Neonlicht. An den Wänden hängen Bilder, die wie psychedelische Trips wirken. Ein Insekt mit langen Fühlern und goldenem Anzug surft auf einer goldenen Kugel. Auf mehreren Tischen stehen Platten mit kleinen Löchern, Steckbretter, auf denen verschiedene Schaltkreise zusammengepuzzelt werden können. Mohanad macht in den ersten Wochen kaum etwas anderes. Der Ausbilder will wissen, was er kann und was nicht. Auf einer der Metallplatten steckt Mohanads aktuelles Werk, eine Kranschaltung in Miniformat – Prüfungsaufgabe für Elektrotechniker, die anderthalb Jahre Ausbildung hinter sich haben. Zwei Tage hat Mohanad dafür gebraucht. Sein Ausbilder ist zufrieden. »Er ist gut darin, Schaltpläne zu lesen.« Einwände gab es nur bei den verlegten blauen Leitungen. Die waren richtig angeschlossen, allerdings bildeten sie mehrere Schleifen. Mohanad musste sie kürzen. »Uns geht es darum, materialsparend zu arbeiten«, sagt der Ausbilder.

Mohanad durfte auch schon in den großen Hallen mithelfen, wo Abfüllanlagen für Hundefutter und Zement

Mohanad schraubt an seinem aktuellen Werk herum – einer Kranschaltung.
Foto: Antonie Rietzschel

stehen. Selbstbewusst läuft er an den riesigen Monstern aus Metall und Kabeln vorbei. An den Maschinen kleben Zettel, auf denen die Bestimmungsorte stehen: China, Vietnam. Für eine dieser Maschinen hat er Schalter beschriftet und Kabel gesteckt – ohne Schleifen, versteht sich.

Mohanad unterscheidet sich kaum von den anderen jungen Männern, die hier durch die Gänge laufen. Er trägt wie sie derbe Arbeitshosen, eine Arbeitsjacke und schwere Lederschuhe mit dicker Sohle sowie Stahlkappen. Das rote Haar hat er wachsen lassen, genauso wie den Bart, der jetzt dick und buschig ist. »Mahlzeit«, sagt ein Mann, der gerade Säcke auf einen Wagen bugsiert. Mohanad hat keine Ahnung, warum man sich am Abend so begrüßt, aber er ist es mittlerweile gewöhnt. »Mahlzeit«, grüßt Mohanad zurück.

Mohanad ist vordergründig angekommen in seinem

Dreamland Deutschland. Er habe es sich nicht so hart vorgestellt, sagt er. »Ich dachte, ich kann einfach hierherkommen und für mich öffnen sich alle Türen«, sagt Mohanad. Ein Haus, ein BMW, eine Familie, vielleicht sogar ein Doktortitel – er dachte, in Deutschland bräuchte er nur wenige Jahre, um all das zu erreichen. Doch er musste seine Erwartungen zurückschrauben und erkennen, dass er, der ungeduldige und verwöhnte Junge, einen Schritt nach dem anderen machen muss. »Ich bin stärker geworden und reifer – mein Gott, ich habe das Gefühl in dem vergangenen Jahr um zehn Jahre älter geworden zu sein.« Denkt er an den grübelnden Mohanad, der sich aus Verzweiflung die Arme aufschnitt, muss er lächeln. Die Narben sind immer noch da, sie werden ihn immer an diese Zeit erinnern. »Ich habe keine Angst vor der Zukunft – was kann mir passieren, außer, dass ich vielleicht mal keine Arbeit habe. Aber was sind das schon für Sorgen«, sagt er. Mohanad hofft, dass er von der Firma übernommen wird. Vielleicht kann er sogar ein duales Studium beginnen.

Anders als Mohanad ist Yousef bei seiner Tätigkeit jeden Tag mit seiner Vergangenheit konfrontiert. Er hilft im Rathaus mittlerweile für mehrere Stunden pro Woche bei Übersetzungen. Ein Syrer braucht seine Hilfe. Gemeinsam mit Yousef hat er seine Tochter in der Schule angemeldet, er muss die Unterlagen beim Sozialamt vorlegen und hat eine Frage an die Mitarbeiterin des Sozialamts. »Können Sie uns helfen bei der Suche nach einer Wohnung?«, fragt er. Yousef übersetzt: »Nein, er ist noch mitten im Asylverfahren, solange muss er in der Unterkunft leben«, sagt die Sozialarbeiterin. Yousef übersetzt die Antwort ins Arabische. Der Mann will widersprechen, Yousef spürt das, legt die Hand aufs Herz, lächelt den

Mann freundlich an und schüttelt den Kopf. Ein freundlicher Hinweis, dass es nichts weiter zu bereden gibt. Yousef weiß, wie kostbar die Zeit der Mitarbeiter auf dem Sozialamt ist, dass sie zu viel zu tun haben, um ständig dieselben Diskussionen zu führen. Der Mann versteht Yousefs Geste, verabschiedet sich und schließt die braune Tür hinter sich. Yousef ist für das Sozialamt zu einer wichtigen Stütze geworden. Mehr als 350 Flüchtlinge leben nun in 14 Unterkünften in Oelde und Umgebung.

Früher kannten die Mitarbeiter die Namen der Menschen, die zu ihnen kamen, weil sie Hilfe bei der Wohnungssuche oder beim Einrichten eines Kontos brauchten. Bei Sprachbarrieren bedienten sich die Mitarbeiter ihrer Hände, ihrer Füße und Google-Tanslator. Ihnen geht es darum, dass die Flüchtlinge die Informationen nicht nur grob verstehen, sondern auch den Sinn dahinter. Warum ist es wichtig, einen Deutschkurs zu machen? Warum sollte man das Kind im Kindergarten anmelden?

Außerdem nehmen mit der steigenden Zahl von Flüchtlingen auch die Konflikte innerhalb der Unterkünfte zu. Vor Kurzem kam der erste schwarzafrikanische Flüchtling nach Oelde. Er wurde im Feuerwehrhaus in der Overbergstraße untergebracht, wo zu der Zeit eine Gruppe junger Syrer wohnte. Sobald es Streit darum gab, wer putzen oder aufräumen sollte, verbündeten sich die Syrer gegen den jungen Mann. Der musste schließlich in ein anderes Heim ziehen.

Das Sozialamt setzt Yousef immer öfter als Vermittler ein. Er spricht nicht nur Arabisch und teilt den kulturellen Hintergrund vieler Flüchtlinge. Er hat dasselbe durchgemacht wie sie, kennt ihre Nöte und Ängste. Er weiß um ihre hohen Erwartungen an das Leben in Deutschland und tröstet wenn nötig: »Mein Bruder«, sagt er einem

Bekannten, der darüber jammert, das Geld sei zu wenig. »Es wird irgendwann besser.«

Yousef ist da, als sich eine Gruppe junger Syrer weigert, die Wohnung in der Overbergstraße für eine Familie mit einem Neugeborenen zu räumen. Die Jungs setzen sich vor das Feuerwehrhaus auf den Gehweg. Sitzstreik. Dem Sozialamt bleibt nichts übrig, als die Polizei zu rufen – und Yousef. Trotz seiner Angst vor den Beamten kommt er, übersetzt, erklärt.

Derzeit macht ihm das Schicksal eines syrischen Familienvaters zu schaffen. Eine albanische Familie macht Stimmung gegen ihn – er wolle die Tochter vergewaltigen, er warte nur darauf, sie in die Büsche zu ziehen, die das Heim umgeben. Der Syrer weist die Vorwürfe empört zurück. Es ist Freitag, das Sozialamt will noch vor dem Wochenende eine Lösung für das Problem finden aus Angst, dass der Streit sonst eskaliert. Also fährt eine Mitarbeiterin mit Yousef zu dem Heim. Stundenlang sitzen sie dort mit der albanischen Familie und dem jungen Syrer zusammen, versuchen zu vermitteln. Am Ende müssen der Syrer und seine Familie übers Wochenende in eine der größeren Unterkünfte ziehen. Er ruft Yousef mehrmals an, sagt, er wolle wieder zurück. Yousef versucht ihn zu beruhigen. Er weiß nicht, was er glauben soll – trotzdem versucht Yousef Geduld zu haben und diplomatisch zu sein. Früher gelang ihm das nur selten, im Deutschunterricht ging er sogar in die Luft, wenn neben ihm jemand einen Apfel aß und schmatzte.

Auch Mohanad hilft ab und zu, wenn er Zeit hat. Doch wird er schnell wütend, wenn jemand sich im Ton vergreift. Einmal half er als Dolmetscher einem Kurden, der seine Frau nachholen möchte, aber nicht die entsprechenden Papiere vorweisen kann. Warum das so lange dauere, er wolle nicht mehr warten. Er fuchtelte mit den Armen in der Luft herum und wurde laut. Mohanad wurde sauer und sagte ihm, er solle gefälligst Respekt haben. »Auf dem Sozialamt bemühen sie sich wirklich – deswegen schäme ich mich dafür, wenn die Leute ihnen gegenüber unhöflich werden«, sagt Mohanad.

Mohanad und Yousef waren schon in Syrien sehr unterschiedlich, und sie bleiben es auch in Deutschland. Sie leben zusammen, sie sind sich gegenseitig beste Freunde und Berater. Doch sie haben sich in verschiedene Richtungen entwickelt. Ihre Träume für die Zukunft gehen stark auseinander. Mohanad liebt das Leben in Deutschland. Und würde man den Grad der Integration am Musikgeschmack messen, wäre Mohanad eindeutig Deutscher. Er kann Lieder von Helene Fischer und Rammstein auswendig singen. Doch Mohanad will nicht hierbleiben. Sobald der Krieg vorbei ist, will er zurück nach Syrien, das ist ihm in den letzten Wochen klar geworden. Die Heimat fehlt ihm trotz allem sehr. Wenn er Heimweh hat, schaut er sich Videos auf Youtube an. Sie zeigen ein Land, das es so nicht mehr gibt: Angler, die entspannt am Meer sitzen, farbenfrohe Basare, Männer, die bei einer Wasserpfeife zusammensitzen, Frauen, die im Park entspannt den Nachmittag verbringen, volle Straßen – es sind Bilder in satten Farben, die einst Touristen nach Syrien locken sollten. Heute treiben sie Mohanad die Tränen in die Augen. Er vermisst seine Freunde, das Essen, die Straßen, das Leben.

Er will Syrien wieder aufbauen, er will alles, was er in Deutschland gelernt hat, mitnehmen. »Vielleicht gründe ich ein Unternehmen«, sagt er. »Oder ich werde Politiker. Ich möchte, dass Syrien wieder Mittelpunkt der arabischen Welt wird – mit guten Kontakten zu Europa. Doch am wichtigsten ist, dass Gleichheit herrscht, dass Herkunft und Geschlecht keine Rolle spielen.« Yousef ist überrascht über die Ambitionen seines kleinen Bruders. Er, der früher vor allem Mädchen und das Fitnessstudio im Kopf hatte, ist plötzlich so ernst.

Der große Bruder hat ganz andere Wünsche: Für ihn gibt es kein Zurück mehr. Yousef ist ein Deserteur und er fürchtet, dass er selbst nach Kriegsende bestraft werden könnte. Er möchte Deutscher werden. Dafür würde er die syrische Staatsbürgerschaft aufgeben. »Hier bin ich frei und sicher«, sagt er. Der ältere Bruder hofft, dass aus seiner ehrenamtlichen Arbeit im Rathaus ein Job werden könnte.

Seine Heiratspläne hat Yousef nicht aufgegeben, doch er muss sich nach einer neuen Frau umsehen. Die junge Spanierin aus dem Deutschkurs hat ihn abblitzen lassen, per WhatsApp. Sie wolle nur mit ihm befreundet sein, schrieb sie, nachdem Yousef ihr unzählige Herzchen-Emojis geschickt hatte. Für Yousef war das ein harter Schlag. Naima musste ihn umsetzen, weil sie es nicht ertragen konnte, dass ihr Liebling wie ein Häufchen Elend neben seiner Angebeteten saß und sich nicht konzentrieren konnte. »Du kannst sie dir auch von der anderen Seite des Raums anschauen«, sagte sie zu ihm. Jetzt hat Yousef die Dating-App Tinder für sich entdeckt. Leider ist die Auswahl an jungen Single-Frauen in Oelde begrenzt – aber Yousef ist sich sicher, dass er irgendwann die Eine treffen wird.

Dass Yousef und Mohanad so weit gekommen, sind verdanken sie ihrem eigenen Willen – und den Menschen, die ihnen auf ihrem Weg geholfen haben. Genau wie die Brüder sind sie nicht unberührt geblieben von der Begegnung mit den beiden, auch wenn sich die

Beziehungen über die vergangenen Monate verändert haben. Michael ist längst Ersatzvater für andere Flüchtlinge geworden. Er arbeitet mittlerweile hauptberuflich in einem der Flüchtlingsheime. Je eigenständiger Mohanad und Yousef wurden, desto stärker zog er sich zurück. Er hat akzeptiert, dass sie keine Kinder sind, sondern selbständige junge Männer, nicht immer ein einfacher Prozess für die drei. Trotzdem kann er sich darauf verlassen, dass sie für ihn da sind, sollte es ihm einmal schlecht gehen oder er dringend Hilfe brauchen. Dr. Brinkmann ist besonders für Mohanad weiterhin Ansprechpartner in Karrierefragen. Er engagiert sich jetzt jedoch mehr in den Flüchtlingsheimen, repariert Waschmaschinen und hilft beim Spendensammeln. Manchmal ruft er Yousef an, wenn er Übersetzungshilfe braucht. Seine Frau gibt ehrenamtlich Deutschunterricht. Mittlerweile hat sich ein richtiges Netzwerk von ehrenamtlichen Helfern in Oelde gebildet. Wie im Rest von Deutschland, beginnen sich die Menschen jedoch Sorgen zu machen: Was, wenn noch mehr Flüchtlinge kommen? Wie sollen wir das schaffen? Sogar Dr. Brinkmann ist skeptisch: »Den ersten Schwung an Flüchtlingen haben wir gut versorgen können, das stimmt. Aber was, wenn das so weitergeht – wir wollen uns ja unser Oelde, so wie wir es kennen, auch bewahren«, sagt er. Darin schwingt die Angst mit, das adrette Kleinstädtchen könnte zum Problemfall werden. Zu einem Ort, wo mit Drogen gedealt wird, sich kriminelle Banden bilden.

Geblieben ist Mohanad und Yousef ihre Deutschlehrerin Naima. Die Brüder sind gerade bei ihr zu Besuch, als die Mutter der beiden anruft. Yousef bittet Naima, sie solle in die Kamera seines Handys schauen. Mutter und Ersatzmutter sehen sich zum ersten Mal. Die eine müde und erschöpft, die andere strahlend, Yousef umarmend. Die eine hat die beiden geboren und großgezogen, jetzt kann sie sie nur aus der Ferne lieben. Die andere hat ihnen den Weg gewiesen in einem fremden Land. Bald laufen die Deutschkurse aus, doch Naima wird weiterhin für Mohanad und Yousef da sein müssen. Denn es gibt immer wieder neue Dinge, die die beiden Brüder an Deutschland nicht verstehen.

Wo soll das enden?

Im Frühjahr 2016 begeht Syrien ein trauriges Jubiläum. Fünf Jahre währt der Bürgerkrieg bereits – und der Westen hat noch immer keine Strategie, um ihn zu beenden. Dabei ist er mitverantwortlich, dass es in Syrien überhaupt zur Katastrophe kommen konnte – mit Hunderttausenden Toten und Millionen Vertriebenen. Europa und die USA taten nichts, als das Assad-Regime Waffen gegen die eigene Zivilbevölkerung richtete, sogar Giftgas und Fassbomben einsetzte. Jetzt ist das Land zerrissen vom Krieg. Es ist schwierig, noch den Überblick zu behalten, wer hier gegen wen kämpft. Während säkulare und moderate Kräfte an Einfluss verlieren, profitieren vor allem Dschihadisten. Die Terrorgruppe Islamischer Staat kontrolliert weite Teile Syriens. Deren Kämpfer bekriegen sich jedoch nicht nur mit den Regierungstruppen von Baschar al-Assad, sondern kämpfen genauso gegen rivalisierende Gruppen wie die al-Nusra-Front sowie kurdische Milizen.[55] Seit September 2014 führt eine von den USA geführte Koalition Luftschläge gegen den IS aus, vermeidet jedoch Angriffe, die den Truppen von Baschar al-Assad einen taktischen Vorteil verschaffen könnten. Genauso wie Frankreich, dass seit den Anschlägen in Paris ebenfalls Angriffe fliegt.

Im September 2015 beginnt auch Russland Ziele in Syrien zu bombardieren. Die Intervention gilt offiziell ebenfalls dem IS. Allerdings unterstützen russische Kampfflugzeuge die Regierungstruppen gegen Rebellen, besonders tragisch: Bei den Angriffen werden zunehmend Zivilisten getötet.[56] Im Februar 2016 kann die Armee dank russischer Unterstützung gegen Rebellenstützpunkte in Aleppo vorrücken. Zehntausende Syrer müssen wegen der schweren Gefechte fliehen.[57]

Die Aufständischen sind untereinander zerstritten und Rivalen im Kampf um mehr Einfluss. Eine der bekanntesten ist die Nationale Koalition der syrischen Revolutions- und Oppositionskräfte. Sie wird unterstützt von mehreren westlichen Ländern und den Golfstaaten. Allerdings befindet sich die Gruppe im Exil und hat daher wenig Einfluss auf die Kämpfe in Syrien und wird von anderen Oppositionellen wiederum abgelehnt.

Was als Rebellion des Volkes begann, hat sich mittlerweile zu einem blutigen Stellvertreterkrieg ausgewachsen. Iran und Russland unterstützen die syrische Regierung. Experten gehen davon aus, dass Teheran jedes Jahr Milliarden von Dollar ausgibt, damit Assad den Krieg weiterführen kann und möglicherweise als Sieger aus dem Konflikt hervorgeht. Russland wiederum hilft den Regierungstruppen beim Kampf gegen die Rebellen.

Auch die sunnitisch geprägte Opposition hat in der Vergangenheit Hilfe aus dem Ausland erhalten, darunter von der Türkei, Saudi-Arabien, Katar, Jordanien, USA und Frankreich. Die Forderung nach Waffen zur Abwehr von Luftangriffen wurde jedoch abgelehnt, aus Angst, dass diese in die Hände von Dschihadisten gelangen könnten.

Trotz Unterstützung von außen vermag derzeit keine Seite den Krieg für sich zu entscheiden. Zudem scheut sich der Westen davor, Bodentruppen nach Syrien zu entsenden, um gegen den IS zu kämpfen – auch weil die Lage sehr unübersichtlich ist.[58] Die internationale Gemeinschaft setzt stattdessen auf eine politische Lösung. Doch bisher gibt es keinen Durchbruch. Auf der Sicherheitskonferenz in München im Februar 2016 einigt sich die Syrien-Unterstützergruppe, der unter anderem Russland und die USA angehören, zunächst auf die Durchsetzung einer Waffenruhe. Die syrische Opposition hat dies zur Voraussetzung für die weitere Teilnahme an den Friedensverhandlungen in Genf erklärt. Tatsächlich kommt es Ende des Monats zu einer vorübergehenden Feuerpause.

Die Bilanz der bisherigen Auseinandersetzungen in Syrien stimmen traurig: Mindestens 250 000 Menschen wurden getötet. 6,5 Millionen Menschen sind innerhalb des Landes auf der Flucht. Mehr als 4,6 Millionen haben das Land verlassen.[59] Bei den jüngsten Gefechten in der Region Aleppo wurden mindestens 50 000 Menschen vertrieben. Sie harren an der türkischen Grenze aus, die für sie jedoch geschlossen ist. Nur im absoluten Notfall will die Regierung die Menschen ins Land lassen. Kein anderes Land hat bisher in absoluten Zahlen so viele Flüchtlinge aufgenommen wie die Türkei. Deren Zahl beträgt Anfang 2016 2,5 Millionen. Diskussionen wie in Europa hat es hier lange nicht gegeben. Doch auch die Leistungsfähigkeit der Türkei kennt Grenzen, die Stimmung droht zu kippen. Neueren Umfragen zufolge halten 70 Prozent der Türken die Flüchtlinge für eine wirtschaftliche Belastung und ein Sicherheitsrisiko.[60]

Andere Nachbarländer Syriens, die Flüchtlinge aufgenommen haben, fühlen sich zunehmend überfordert – und alleingelassen. Denn dass sich die Situation in diesen Ländern immer weiter verschlechtert, liegt auch daran, dass der Westen zu passiv bleibt. Das UN-Flüchtlingshilfswerk UNHCR hatte die internationale Gemeinschaft 2015 um 7,2 Milliarden Dollar gebeten, um den Menschen in Syrien zu helfen und jenen, die außer Landes geflohen sind. Eigenen Angaben zufolge haben die Helfer zunächst nur 52 Prozent bekommen. Bis Jahresende gab es noch einige Zusagen, sodass das UNHCR nach eigenen Angaben verhindern konnte, dass Menschen im Winter erfrieren.

Der andauernde Konflikt in Syrien und die sich verschlechternde Situation in den Nachbarländern werden dazu führen, dass auch in den nächsten Jahren Menschen nach Europa fliehen. Das deutsche Bundesinnenministerium geht davon aus, dass sich 2016 allein aus der Türkei eine Million Flüchtlinge auf den Weg machen könnten.[61] Es ist lediglich eine Prognose und die Vergangenheit hat gezeigt, dass die meist hinter der Realität zurücksteht. Wahr-

scheinlich werden es mehr sein. Die Lage wird sich also ver-
schärfen. Vor allem weil die EU-Mitgliedsländer bisher kein
gemeinsames Vorgehen in der Flüchtlingssituation gefunden
haben, vielmehr ist die Union tief gespalten. Ungarn, Polen,
Tschechien, die Slowakei und Großbritannien gehören zu den
Verfechtern einer Abschottungspolitik. Ihnen ist gemein, dass
sie bisher wenige Flüchtlinge aufgenommen haben. Auf der
einen Seite steht eine lose Gruppe von Staaten, die auf enge Ko-
operation und Solidarität setzen. Dazu zählen neben Deutschland Österreich, Belgien, Schweden, die Niederlande, Luxem-
burg, Finnland, Slowenien.[62] Allerdings bröckelt die Allianz.
Österreich und Frankreich fordern eine Obergrenze für
Flüchtlinge, keine festen Kontingente und neue Grenzzäune.

Das torpediert den Ansatz von Bundeskanzlerin Angela Merkel. Sie hofft auf eine Zusammenarbeit mit der Türkei. Würden
die Flüchtlinge von Anfang an dort bleiben, könnte die EU mit
großzügigen Kontingenten gezielt und gesteuert Flüchtlinge
aufnehmen.

Auch in Deutschland scheint die »Wir schaffen das«-Euphorie
verflogen: Köln hat Spuren hinterlassen. In den sozialen Netzwerken verbreiten sich Gerüchte und Falschmeldungen über
raubende und vergewaltigende Flüchtlinge. Die Alternative für
Deutschland fordert, dass Grenzpolizisten Flüchtlinge vom ille-
galen Grenzübertritt abhalten sollen – notfalls durch Gebrauch
der Schusswaffe.[63] Ein Aufschrei geht durch die Politik, dabei
haben Parteien wie die CSU das Fundament für solche Rhetorik
gelegt. Im sächsischen Ort Clausnitz wird ein Bus mit Flüchtlingen von einem pöbelnden Mob begrüßt.[64] »Wir sind das Volk«,
brüllen die. Es war einst der Leitspruch von Menschen, die sich
statt einer Diktatur Freiheit erträumten. Nun verkommt er zur
Alternativlosung für »Ausländer raus«. Die völlig verängstigten
Menschen müssen teilweise mit körperlicher Gewalt in die
Unterkunft geführt werden. In Bautzen brennt ein geplantes

Asylbewerberheim, dabeistehende Neugierige jubeln dazu. Deutschland im Frühjahr 2016 scheint ein kaltes Land zu sein – vor allem im Osten.

Mitten in dieser Gemengelage: die Flüchtlinge. Es wird über sie, gegen sie, für sie gesprochen – aber immer noch zu selten mit ihnen. Dabei sind ihre Stimmen so wichtig inmitten dieser aufgeheizten Atmosphäre. Ob wir wollen oder nicht, sie gehören zu Deutschland. Sie leben, arbeiten, lieben mitten unter uns, das ist die Realität. Also lasst uns ihnen endlich zuhören und von ihnen lernen. Yousef und Mohanad haben alle Stationen durchlaufen, aus Asylbewerbern wurden Sozialfälle, wurden Arbeitssuchende. Die Brüder sind Vorbilder in Sachen Integration. Zu verdanken haben sie das jedoch dem Zufall. Sie kamen in eine Kleinstadt, in der sie freundlich aufgenommen wurden. Sie konnten in einer heimeligen Unterkunft zur Ruhe kommen und trafen auf Menschen, die ihnen in verschiedenen Lebensphasen halfen. Und was besonders wichtig ist: In Naima hatten sie jemanden, der ihren kulturellen Hintergrund kannte und ihnen half, dieses neue Land zu verstehen. Wahrscheinlich wäre ihre Geschichte anders verlaufen, wären sie in Berlin oder Dortmund untergekommen, wo die Behörden heillos überfordert sind und die Großstadt die Schwächsten einfach verschluckt.

Integration, in Deutschland heißt das noch viel zu oft, dass sich Menschen aus fremden Ländern uns anzupassen haben. Dabei muss sich auch Deutschland anpassen und Angebote schaffen, die den Bedürfnissen der Flüchtlinge gerecht werden: Mehr Sprach- und Integrationskurse. Entlastung der Mitarbeiter in den Behörden, damit sie sich mit den einzelnen Fällen auseinandersetzen und besser helfen können. Weniger Bürokratie. Bezahlbarer Wohnraum für Flüchtlinge, ohne eine Ghettoisierung zu fördern. Es gibt kleine Schritte. Eine Initiative der Bundesregierung und des Handwerks will bis Frühjahr 2018 10 000 Flüchtlingen eine

Ausbildung verschaffen.[65] Dazu kommen viele Freiwilligenprojekte, in Berlin haben Studenten eine Online-Uni speziell für Flüchtlinge gegründet.

Doch der große Plan fehlt. Deswegen ist es auch schwierig, dem rechtspopulistischen Getöse beizukommen. Empörung reicht da nicht aus, nicht in der Politik, aber auch nicht in der Bevölkerung. Es ist leicht, sich über brennende Asylbewerberheime aufzuregen, oder die menschenverachtende Rhetorik einer AfD. Wir müssen Fremdenfeindlichkeit da offen entgegentreten, wo sie uns begegnet: auf der Straße, bei Diskussionen am Küchentisch oder bei der Arbeit.

Gleichzeitig sollten wir nichts beschönigen. In den Flüchtlingsheimen sitzen auch Menschen, die keine Ausbildung haben, die vielleicht nicht mal lesen und schreiben können. Es gibt Menschen, die voller Abscheu auf unsere Gesellschaft herabschauen. Wer das offen thematisiert, ist nicht gleich ein Rassist. Es wäre wünschenswert, wenn eine gewisse Nüchternheit in die Debatte zurückkehren könnte. Mir und meiner Mutter ist das inzwischen gelungen, vor allem weil sie sich schließlich darauf eingelassen hat, Flüchtlinge kennenzulernen. Seit Herbst 2015 kümmert sie sich um eine syrische Familie in Dresden. Die drei feierten mit uns Weihnachten, saßen an dem Tisch, an dem wir ein Jahr zuvor, im Dezember 2014, über Flüchtlingspolitik gestritten hatten. Was für ein schönes Bild. Doch meine Mutter wollte das so nicht stehen lassen. »Ich finde trotzdem nicht, dass alles Friede, Freude, Eierkuchen ist«, sagte sie zu mir. Und sie hat Recht. Die Diskussionen gehen weiter, doch sie drehen sich weniger um Allgemeinplätze als um konkrete Fragen: Was tun, wenn der Mitbewohner der syrischen Familie sich weigert meiner Mutter die Hand zu geben, weil sie eine Frau ist? Wieso dauert das so lange mit dem Asylverfahren? Wie können die beiden Arbeit finden? »Schrei mich nicht an«, dieser Satz fällt nur noch selten.

Faktencheck Zuwanderung

Wovor fliehen die Menschen?

Es ist ein trauriger Rekord. Derzeit sind 60 Millionen Menschen weltweit auf der Flucht, so viele wie seit dem Zweiten Weltkrieg nicht mehr. Den mit Abstand größten Anteil machen Syrer aus. Allein 6,5 Millionen Menschen sind innerhalb des Landes auf der Flucht. Mehr als 4,6 Millionen haben das Land verlassen.[66] Sie fliehen vor den Kämpfen in ihrem Land und dem Terror des IS. Ebenso wie die Menschen im Irak. In Afghanistan herrscht zwar offiziell kein Krieg mehr, doch die Taliban gewinnen wieder an Einfluss und verbreiten Schrecken im Land. In Somalia tobt seit Jahrzehnten ein Bürgerkrieg. Hunderttausende Eritreer verlassen ihr Land, weil sie lebenslangen Militärdienst, Terror und Verfolgung fürchten. Doch es gibt auch Menschen, die aufgrund der schlechten wirtschaftlichen Lage keine Perspektive für sich sehen. Sie kommen vor allem aus vielen afrikanischen Ländern wie Marokko oder Tunesien. Aber auch aus dem Kosovo, Serbien und Albanien.

Wer nimmt die meisten Flüchtlinge auf?

Die Zahl derer, die ihre Heimat verlassen, hat in den vergangenen Monaten zugenommen. Das erhöht zusätzlich den Druck auf die Länder, die bereits eine große Zahl von Flüchtlingen aufgenommen haben. Die Türkei ist hier zahlenmäßig Spitzenreiter. Dem Flüchtlingswerk UNHCR zufolge beherbergt das Land 2,5 Millionen syrische Flüchtlinge. Die größte Last hat jedoch Libanon zu tragen. In dem Land leben 4,4 Millionen Menschen – dazu kommen derzeit ungefähr 1,5 Millionen Flüchtlinge, die Mehrheit stammt aus Syrien.[67] Jordanien hat Regierungsangaben zufolge ebenfalls mehr als eine Million Syrer aufgenommen.[68] Zum Vergleich: Deutschland nimmt allein an Zahlen gemessen am meisten Flüchtlinge in Europa auf. 2015 waren das knapp 1,1 Millionen, doch darunter sind auch Menschen, die geringe Chancen auf Anerkennung haben, weil sie entweder aus sicheren Herkunftsstaaten stammen und/oder wirtschaftliche Gründe für ihre Flucht angeben.

Wie kommen die Menschen nach Deutschland?

Die Internationale Organisation für Migration geht davon aus, dass im vergangenen Jahr mehr als eine Million Menschen Europa über das Mittelmeer erreicht haben.[69] Die meisten von ihnen wählten die östliche Mittelmeerroute – von der Türkei über die Ägäis nach Griechenland. Auf griechischen Inseln wie Kos kamen im Herbst 2015 täglich fast 10 000 Flüchtlinge an. Von Griechenland aus versuchten sie sich über die Balkan-Route nach Deutschland durchzuschlagen. Ihr Weg führte sie zunächst nach Mazedonien, nach Serbien und über Ungarn nach Österreich. Als Ungarn Mitte September 2015 die Grenze schloss, wichen die Flüchtlinge auf Kroatien und Slowenien aus.[70] Mittlerweile ist die Balkanroute durch Grenzschließungen so gut wie versperrt. Ein neues Abkommen mit der Türkei sieht zudem vor, dass alle Flüchtlinge, die illegal aus der Türkei nach Griechenland einreisen, wieder zurückgeschickt werden können.[71]

Nur etwa 153 000 Menschen gelangten 2015 über das Mittelmeer nach Italien. Von dort versuchten sie sich vor allem über Österreich nach Deutschland durchzuschlagen – doch die deutsch-österreichische Grenze wird mittlerweile stärker kontrolliert.

Durch eine engmaschigere Sicherung der EU-Grenzen könnten die Flüchtlinge gezwungen sein, vermehrt auf die gefährlichere Mittelmeerroute auszuweichen. Sie müssten mit Booten von Libyen oder Ägypten aus starten. Weitere alternative Flüchtlingsrouten könnten über das Schwarze Meer, über Georgien und Russland sowie von Albanien aus übers Meer nach Italien führen.[72]

Warum kommen so viele Flüchtlinge nach Deutschland?

Offiziell regelt die so genannte Dublin-III-Verordnung, welches Land für Flüchtlinge zuständig ist – nämlich das, in dem der Betroffene zum ersten Mal die EU betritt.[73] Dennoch kommen die meisten der Schutzsuchenden nach Deutschland. Das liegt daran, dass Staaten wie Griechenland und Italien überfordert sind und die Flüchtlinge ohne Registrierung weiter nach Norden reisen lassen. Deutschland ist ein beliebtes Ziel. Manche Flüchtlinge haben hier Verwandte, die bereits in den Jahren zuvor aufgenommen wurden. Gleichzeitig hat sich unter den Menschen herumgesprochen, dass die Aufnahmebedingungen in Deutschland besser sind als in Griechenland oder Ungarn.

Im Sommer 2015 setzte Deutschland das Dublin-Verfahren für Syrer aus: Jeder, der es nach Deutschland schaffte oder bereits geschafft hatte, konnte auch bleiben, selbst wenn er in anderen Ländern registriert wurde.[74] Daraufhin machten sich Tausende auf den Weg, sie trugen Fotos der Kanzlerin bei sich, als sei sie ihre Schutzpatronin. Anfang September 2015 erklärte sich die Regierung außerdem bereit, Tausende Flüchtlinge aufzunehmen, die in Ungarn festsaßen. Sie kamen mit Sonderzügen nach Deutschland. Im Herbst korrigierte Deutschland seine Politik und führte Grenzkontrollen ein, die auch noch im Februar 2016 gelten.[75] Seit Anfang 2016 gilt zudem das Dublin-Verfahren auch wieder für Syrer.[76]

Haben die Behörden die Lage im Griff?

Die steigende Zahl der Flüchtlinge hat zu einer Verwaltungskrise geführt: Es kann mehrere Wochen dauern, bis Flüchtlinge in den Erstaufnahmeeinrichtungen registriert werden können. Manchmal müssen ihre Daten mehrmals aufgenommen werden, weil beispielsweise Computersysteme nicht miteinander verbunden sind. Ein Flüchtlingsausweis soll künftig diese Probleme lösen. Im vergangenen Jahr sind auch Flüchtlinge verloren gegangen. 130 000 registrierte Asylbewerber sind niemals in den ihnen zugewiesenen Unterkünften angekommen, das sind immerhin 13 Prozent aller Flüchtlinge, die 2015 nach Deutschland kamen.[77]

Doch auch an geeigneten Unterkünften mangelt es, viele Flüchtlinge leben nach wie vor in Zeltstädten. In überfüllten Flüchtlingsheimen gibt es immer wieder Auseinandersetzungen zwischen den Bewohnern. Das Bundesamt für Migration und Flüchtlinge kommt mit der Bearbeitung der Asylanträge nicht hinterher. Anfang 2016 ist die Zahl unerledigter Verfahren auf 370 000 gestiegen. Hinzu kommen Hunderttausende Flüchtlinge, die noch gar keinen Asylantrag stellen konnten.[78] Entlastung sollen Aufnahmestellen für Flüchtlinge mit geringer Bleibeperspektive bringen, da sie ein Schnellverfahren durchlaufen. Außerdem hat das BAMF eintausend neue Mitarbeiter eingestellt.

Zum Behörden-Chaos gesellt sich die Bürokratie, an der nicht selten Flüchtlingshilfe scheitert, weil etwa hilfsbereite Bürger abgeschreckt werden.[79] Auch die Kommunen wären durch weniger Bürokratie entlastet, denn dann könnten Flüchtlinge schneller auf dem Arbeitsmarkt Fuß fassen und hätten keine finanzielle Unterstützung mehr nötig. Tatsächlich sind mehr und mehr Handwerksbetriebe bereit, Flüchtlinge einzustellen, fürchten jedoch damit verbundene bürokratische Hürden.[80]

Wie werden die Flüchtlinge in Deutschland verteilt?

Welches Bundesland wie viele Flüchtlinge aufnehmen muss, legt der Königsteiner Schlüssel fest. Als Richtwert dienen die Bevölkerungszahl sowie Steuereinnahmen. Reiche und große Länder sollen somit am meisten schultern. Nordrhein-Westfalen muss 2016 21,2 Prozent der in

Deutschland Schutzsuchenden aufnehmen, dahinter liegt
Bayern mit 15,5 Prozent und Baden-Württemberg mit
12,8 Prozent. Den letzten Platz belegt Thüringen mit
2,7 Prozent.[81] Doch künftig werden bestimmte Flüchtlinge gar nicht mehr innerhalb Deutschlands verteilt.
Diejenigen mit geringer Bleibeperspektive sollen in be-
sonderen Aufnahmeeinrichtungen untergebracht werden, wo sie Schnellverfahren durchlaufen.[82]

Wie funktioniert das Asylverfahren?

In ihrer Erstaufnahmeeinrichtung müssen die Flüchtlinge persönlich einen Asylantrag stellen. Dort gibt es
Außenstellen des Bundesamts für Migration und Flüchtlinge, deren Mitarbeiter über die Anträge entscheiden.
Sie überprüfen auch, ob der Antragsteller nicht schon in
einem anderen Land registriert wurde. Trifft das zu, greift
das Dublin-Verfahren und der Betroffene kann über-
führt, also ausgewiesen werden. Doch das geschieht in
Deutschland immer seltener. 2015 sank die Zahl der sogenannten Dublin-Überstellungen auf 3597. Im Jahr zuvor
waren noch 4772 Menschen in andere europäische Länder rückverteilt worden.[83]

Die Anhörung ist der wichtigste Termin. Was sind
die Flucht-Gründe? Wie konkret ist die Verfolgung oder
Bedrohung – gibt es dafür Beweise, beispielsweise
Medienberichte? Das sind die entscheidenden Fragen,
die der Asylbewerber beantworten muss. Auf Basis seiner
Antworten, die in einem schriftlichen Protokoll festge-
halten werden, entscheidet schließlich der Mitarbeiter
des BAMF, ob Asyl gewährt wird oder nicht. Fallen dem
Flüchtling später noch wichtige Dinge ein, kann es sein,

dass sie wegen »verspäteten Vorbringens« ignoriert werden. Eigentlich soll das Gespräch direkt nach dem Antrag stattfinden – doch aufgrund der großen Zahl von Schutzsuchenden, kann es Monate dauern, bis die Anhörung stattfindet.

Asyl wird in den meisten Fällen auf Grundlage von Artikel 3 des Asylverfahrensgesetzes gewährt, wenn der Asylsuchende eine »begründete Furcht« vor Verfolgung hat, aufgrund von: Rasse, Religion, Nationalität, politischer Überzeugung oder der Zugehörigkeit zu einer bestimmten Gruppe. »Subsidiärer Schutz« nach Artikel 4 des Asylverfahrensgesetzes wird gewährt, wenn der Betroffene nicht die Voraussetzungen für den Flüchtlingsstatus erfüllt, ihm aber im Heimatland die Todesstrafe oder unmenschliche Behandlung droht.

Menschen, die vor dem Bürgerkrieg in Syrien fliehen, können meist in Deutschland bleiben. Geringe Chancen haben Menschen, die aus sogenannten »sicheren Herkunftsstaaten« kommen, denen also aus Sicht der Bundesregierung keine Verfolgung im eigenen Land droht. Zu diesen Ländern zählen derzeit Serbien, Mazedonien, Bosnien-Herzegowina, Albanien, Kosovo und Montenegro, Ghana und Senegal. Geplant ist Marokko, Algerien und Tunesien auf die Liste zu setzen.[84]

Die Entscheidung über den Asylantrag bekommt die Person per Post zugestellt. Fällt sie negativ aus, fordert der Staat die Person auf, auszureisen. Tut sie das nicht freiwillig, droht die Abschiebung. Gegen die Entscheidung kann ein Asylbewerber innerhalb von zwei Wochen klagen – das aber auch nur, wenn der Antrag nicht »offensichtlich unbegründet« oder »unzulässig« ist, weil ein anderer EU-Staat zuständig ist.

Wird ein Antrag dagegen bewilligt, bekommt die Per-

son eine Aufenthaltserlaubnis. Bei anerkannten Flüchtlingen gilt sie für drei Jahre. Falls sich die Verhältnisse im
Herkunftsland nicht verändern, kann die Aufenthaltserlaubnis nach Ablauf der Frist in eine unbefristete Nieder-
lassungserlaubnis umgewandelt werden. Wer subsidiären Schutz genießt, darf mindestens ein Jahr bleiben.
Danach wird die Aufenthaltserlaubnis um jeweils zwei
Jahre verlängert.[85]

Dürfen Flüchtlinge arbeiten – und wie qualifiziert sind sie?

In den ersten drei Monaten nach ihrer Ankunft in
Deutschland dürfen Flüchtlinge nicht arbeiten. Danach
können sie nur arbeiten, wenn sie von der Ausländerbehörde eine entsprechende Arbeitserlaubnis bekommen – allerdings dürfen sie dann nur Stellen antreten,
für die sich kein geeigneter Deutscher oder EU-Bürger
findet. Die sogenannte Vorrangprüfung entfällt erst nach
15 Monaten.[86] Doch selbst dann stellt sich die Frage, in
welchen Berufen die Menschen überhaupt arbeiten
können. Oft fehlt es nicht nur an Deutschkenntnissen,
sondern auch an entsprechenden Qualifikationen. Bisher
gibt es noch keine umfassenden Zahlen über das Bil-
dungsniveau der Flüchtlinge – oft widersprechen sich die
Daten: Bildungsökonomen haben jedoch für die OECD
die Schulbildung in verschiedenen Ländern verglichen
und dabei Länder untersucht, aus denen derzeit Flüchtlinge nach Europa kommen. Darunter auch Syrien. Ihr
Ergebnis ist niederschmetternd: Zwei Drittel der Schüler in Syrien können nur sehr eingeschränkt lesen und
schreiben.[87] Eine Statistik des Flüchtlingshilfswerks

UNHCR zeigt dagegen, dass aus Syrien besonders Angehörige der gebildeten Schicht nach Europa fliehen.[88] 86 Prozent besitzen demnach Abitur oder einen Uniabschluss. Die Forschungseinrichtung der Bundesagentur für Arbeit hat unter Flüchtlingen, die in den ersten acht Monaten des Jahres 2015 nach Deutschland gekommen sind, eine Umfrage zum Bildungsgrad durchgeführt. Demnach haben acht Prozent einen akademischen Abschluss und weitere acht Prozent einen mittleren Berufsabschluss. 71 Prozent verfügen über keinerlei Berufsabschluss.[89]

Kommen nur junge Männer zu uns?

Tatsächlich waren es Mitte 2015 vor allem Männer, die sich über das Mittelmeer auf dem Weg nach Europa machten. Sie machen 73 Prozent derer aus, die über die Hauptroute von der Türkei nach Griechenland gelangten. Dafür gab und gibt es nachvollziehbare Gründe: Meist reicht das Geld lediglich für die Flucht einer Person. Risiken werden abgewogen: Wer hält körperlich und psychisch besser durch? Kinder und Frauen müssen auf der ohnehin riskanten Flucht auch noch sexuelle Gewalt fürchten. Deswegen fällt die Wahl zunächst immer auf die Ehemänner und Väter.

Aktuellen Zahlen zufolge hat sich das Bild gewandelt. 60 Prozent der Flüchtlinge, die bis Ende Januar 2016 über das Mittelmeer nach Griechenland kamen, waren Frauen und Kinder. Oft folgen sie ihren männlichen Verwandten, die bereits in Europa sind.[90]

Wieso haben alle Flüchtlinge ein Smartphone?

»So schlecht kann es ihnen ja nicht gehen«, so das Klischee. Dass viele Flüchtlinge über ein Smartphone verfügen, wird häufig angeführt, um das Leid der Menschen herunterzuspielen. Was dabei völlig aus dem Blick gerät: Sie hatten ein Leben vor der Flucht, einen Job, eine Familie, Freunde, ein Haus oder eine Wohnung – alles, was ihnen nun geblieben ist, ist ihr Handy. Besonders während der Flucht spielt es eine große Rolle. Es dient als Navigator. Da Smartphones über GPS verfügen, fällt die Orientierung leichter. Außerdem sind die Flüchtlinge darauf angewiesen, gut erreichbar zu sein, um Nachrichten über die nächste Etappe ihrer Flucht zu erfahren oder Informationen über einen Schlafplatz. WLAN gibt es mittlerweile an vielen öffentlichen Plätzen oder in Cafés. Außerdem ist das Handy wichtig, um Kontakt mit der Familie zu halten. Meistens geschieht dies über Whats-App, Skype oder Viber – denn das ist viel günstiger als Auslandsgespräche mit dem Festnetztelefon. Smartphones sind für Flüchtlinge also keinesfalls Luxus, sondern unverzichtbar.[91]

Wie lernen Flüchtlinge Deutsch und sind sie verpflichtet dazu?

Ob sie schon in den Erstaufnahmeeinrichtungen erste Grundlagen lernen können, hängt von den freiwilligen Helfern ab. Denn es sind die Ehrenamtlichen, die dort entsprechende Kurse anbieten. Umfassende Hilfe leisten die sogenanntem Integrationskurse. Der Unterricht

beinhaltet nicht nur das Lernen der deutschen Sprache,
sondern auch Themen wie Staat, Geschichte und Gesell-
schaftsformen. Für anerkannte Asylbewerber sind diese
Kurse verpflichtend. Wer sich verweigert, muss mit Kür-
zungen der Sozialleistungen oder sogar einem Bußgeld
rechnen.[92]

Um die Integration zu verbessern, hat das Bundesamt
für Flüchtlinge und Migration die Kurse auch für Asylbewerber geöffnet, deren Verfahren noch läuft. Voraussetzung ist, dass die Wahrscheinlichkeit ihrer Anerkennung
bei über 50 Prozent liegt. Das gilt vor allem bei Flüchtlingen aus Syrien. Afghanen sind dagegen von vornherein
ausgeschlossen, weil ihre Schutzquote bei unter 50 Prozent liegt.[93]

Wollen alle bleiben?

Tatsächlich gibt es Menschen, die bereit sind, wieder in
ihre Heimat zurückzukehren – auch wenn dort immer
noch Bomben fallen. Dem Bundesamt für Migration und
Flüchtlinge zufolge sollen 2015 immerhin 724 Iraker die
offizielle Rückkehrerhilfe der Bundesregierung in Anspruch genommen haben. Die beinhaltet die Übernahme
der Flugkosten sowie Geld für den Neustart in der Heimat. Zudem sollen irakische Vertretungen in Deutschland zwischen Oktober und Dezember 2015 1250 Pässe
für Rückkehrer ausgestellt haben.[94]

Die Gründe für die Heimkehr sind häufig persönlicher
Natur, etwa wenn ein Familienmitglied in der Heimat
gestorben ist. Doch Betreuer glauben, dass auch andere
Faktoren eine große Rolle spielen: unerfüllte Erwartungen an Deutschland, Heimweh, Schwierigkeiten, wirk-

lich anzukommen. Auch viele Syrer würden gerne wieder in ihre Heimat zurückkehren, doch der Weg ist blockiert – es gibt kaum Direktflüge in die Heimat. Und selbst wenn sie lediglich in eines der Nachbarländer wie Libanon, Jordanien oder die Türkei reisen wollen, bräuchten sie dafür ein Visum – mittlerweile ein fast unmögliches Unterfangen für Syrer.

Welche Unterstützung bekommen Flüchtlinge vom Staat

In den ersten 15 Monaten ist die Hilfe für Flüchtlinge nach dem Asylbewerberleistungsgesetz in zwei Komponenten eingeteilt. Einerseits gibt es einen Betrag zu Deckung des »notwendigen Bedarfs«. Andererseits bekommen die Flüchtlinge eine Bargeldsumme »zur Deckung persönlicher Bedürfnisse des täglichen Lebens« – umgangssprachlich auch Taschengeld genannt. Die erste Zeit in Deutschland verbringen Asylbewerber in Erstaufnahmeeinrichtungen, wo der »notwendige Bedarf« in Form von Unterkunft und Gemeinschaftsverpflegung gestellt wird. Zusätzlich wird ihnen das Taschengeld in bar ausgezahlt. Für einen alleinstehenden Erwachsenen beträgt das 143 Euro pro Monat. Wechseln die Asylbewerber schließlich in zentrale oder dezentrale Unterkünfte, stehen ihnen Leistungen zwischen 287 und 359 Euro pro Monat zu, angelehnt an die Hartz-IV-Regelsätze. Das Taschengeld ist in diesem Betrag bereits enthalten. Alleinstehende erhalten mehr als Menschen, die sich einen Haushalt teilen.[95]

Sind die meisten Flüchtlinge wirklich konservative Muslime?

In den Flüchtlingsheimen kommt es immer wieder zu Auseinandersetzungen unter Muslimen, etwa weil eine Frau kein Kopftuch trägt oder eine muslimische Familie gemeinsam mit Deutschen Weihnachten feiert. Doch es gibt auch Fälle, bei denen Muslime aggressiv gegen christliche Flüchtlinge vorgegangen sind. Öffentlich bekannt werden nur die drastischen Ereignisse. Es ist schwer zu sagen, wie viele der Muslime in den Flüchtlingsheimen ihre Religion konservativ auslegen. Klar ist nur, dass sie den Islam in Deutschland verändern werden, der bisher stark geprägt ist von türkischen Gastarbeitern und ihren Nachfahren.[96]

Flüchtlinge in Deutschland kommen vor allem aus Syrien. Eine große Mehrheit der Bevölkerung galt vor dem Bürgerkrieg als muslimisch. Allerdings war Syrien damals ein multikonfessionelles Land: Moscheen standen neben Kirchen. Muslime gingen freitags in christlichen Geschäften einkaufen, sonntags erledigten Christen in den muslimischen Geschäften ihre Einkäufe. Islamwissenschaftlern zufolge gab es in Syrien zudem eine gewisse säkulare Tradition, weil Muslime ihren Glauben im Privaten auslebten.[97]

Viele Syrer kommen aus Großstädten, unter ihnen sind zudem Akademiker. Bildung wurde vor dem Bürgerkrieg sehr hoch geschätzt – auch bei Frauen. Selbst in den Dörfern schickten Familien ihre Töchter zu Schule. Gesichtsschleier waren dagegen selten. Frauen mit Kopftuch zeigten ihr Gesicht. »Die muslimischen Syrer sind gläubig und konservativ, aber auch offen und tolerant«, sagt die Syrien-Expertin Kristin Helberg. Sie sieht in der Aussage keinen Widerspruch. Gläubige Syrer würden in ihrer religiösen Überzeugung ruhen und fühlten sich von anderen nicht gleich in Frage gestellt. Gleichzeitig seien sie skeptisch gegenüber religiösem Extremismus eingestellt, da sie ja häufig vor ihm geflohen seien.[98]

Dennoch gibt es klare Anzeichen dafür, dass Salafisten erfolgreich unter muslimischen Flüchtlingen rekrutieren. Aufgrund ihrer Situation suchen die nicht selten Orientierung – und finden sie womöglich bei extremistischen religiösen Gruppen.[99]

Bedeuten mehr Flüchtlinge auch mehr Kriminalität?

»Wir haben es doch immer gesagt« – die Übergriffe in der Silvesternacht passten Pegida und der Alternative für Deutschland perfekt ins Konzept. Hatten sie doch wiederholt vor kriminellen Flüchtlingen gewarnt. In den darauf folgenden Monaten kursierten in den sozialen Netzwerken auch gefälschte Nachrichten über von Flüchtlingen begangene Straftaten. Die Berliner Polizei warnte davor, solche Gerüchte zu verbreiten.[100]

Doch mit der wachsenden Zahl der Flüchtlinge sinkt das Sicherheitsgefühl der Deutschen. Dem versucht das Bundeskriminalamt mit einer Lageübersicht zu begegnen. Das Ergebnis: 200 000 von Flüchtlingen begangene Straftaten zählte das BKA 2015, das ist eine Steigerung um 80 Prozent gegenüber dem Vorjahr. Demgegenüber steht jedoch eine Steigerung von 135 Prozent der gestellten Asylanträge im Jahr 2015, mehr als eine Million Flüchtlinge, die nach Deutschland kamen.

Die Verdächtigen kommen vor allem aus Serbien, dem

Kosovo, Mazedonien und Albanien, aber auch aus Nigeria. Obwohl Syrer die Mehrzahl der Flüchtlinge ausmachen, sind sie selten unter den Verdächtigen zu finden. 65 Prozent aller Straftaten liegen im Bereich »Leistungs- und Beförderungserschleichung«, also Schwarzfahren. Sexualdelikte machen ein Prozent aus. »Die weitaus überwiegende Mehrheit der Asylsuchenden begeht keine Straftaten«, heißt es in dem Papier. Berücksichtigen muss man jedoch, dass nicht alle 16 Bundesländer in dem Bericht vorkommen. Nur 13 der 16 Bundesländer lieferten rechtzeitig ihre Zahlen ab.[101]

Eine Straftat kann Auswirkungen auf das Asylverfahren haben. Wer eine Bewährungsstrafe bekommt, dem wird der Status als Flüchtling verweigert.[102]

Dank

Wir danken Naima Dami, Michael Oestreich, Familie Brinkmann – und allen freiwilligen Helfern in Oelde, den Mitarbeitern des Sozialamts und der Volkshochschule in Oelde sowie Nicola von Bodman-Hensler, Michael König, Julia Karnahl, Gabriele Josiger, Hannes Munzinger, Anna Jopp und Evelyn Rind. Maddi, vielen Dank für deine Geduld.

Anmerkungen

1 Tomas Avenarius, »Von einer Mixtur, die tödlich sein kann«, in:
   http://www.sueddeutsche.de/politik/syriens-religionen-und-ethnien-
   von-einer-mixtur-die-toedlich-sein-kann-1.1412323, aufgerufen am
   1. Dezember 2015

2 Joe Sterling, »Daraa: The spark that lit the Syrian flame«, in: http://
   edition.cnn.com/2012/03/01/world/meast/syria-crisis-beginnings/,
   aufgerufen am 1. Dezember 2015

3 William R. Polk, »Understand Syria: From Pre-Civil War to Post-
   Assad«, in: http://www.theatlantic.com/international/archive/
   2013/12/understanding-syria-from-pre-civil-war-to-post-assad/
   281989/, aufgerufen am 15. Dezember 2015

4 Markus C. Schulte von Drach, »Der syrische Bürgerkrieg im Überblick«, in: http://www.sueddeutsche.de/politik/chronologie-des-
   syrischen-buergerkriegs-so-kam-es-zur-fluechtlingskatastrophe-
   1.2652348, aufgerufen am 15. Dezember 2015

5 Koran, Sure 36 (Ya-Sin), Vers 1–6. Alle Koranstellen in diesem Buch
   folgen der Übersetzung von Rudi Paret, erstmals herausgegeben
   1966, Kohlhammer, Stuttgart. Zur besseren Lesbarkeit wurden die
   Stellen an die neue Rechtschreibung angepasst, außerdem wurde auf
   die textkritischen Zeichen verzichtet.

6 Koran, Sure 36 (Ya-Sin), Vers 7–9. Alle Koranstellen in diesem Buch
   folgen der Übersetzung von Rudi Paret, erstmals herausgegeben
   1966, Kohlhammer, Stuttgart. Zur besseren Lesbarkeit wurden die
   Stellen an die neue Rechtschreibung angepasst, außerdem wurde auf
   die textkritischen Zeichen verzichtet.

7 Koran, Sure 36 (Ya-Sin), Vers 10–12. Alle Koranstellen in diesem Buch
   folgen der Übersetzung von Rudi Paret, erstmals herausgegeben
   1966, Kohlhammer, Stuttgart. Zur besseren Lesbarkeit wurden die

Stellen an die neue Rechtschreibung angepasst, außerdem wurde auf die textkritischen Zeichen verzichtet.

8 SZ.de, »Schwierige Spurensuche im Mittelmeer«, in: http://www. sueddeutsche.de/panorama/moegliche-fluechtlingskatastrophe-schwierige-spurensuche-im-mittelmeer-1.2130158, aufgerufen am 11. Januar 2016

9 IOM, »IOM applauds Italys life saving Mare Nostrum Operation: ›Not migrant pull factor‹«, in: http://www.iom.int/news/iom-applauds-italys-life-saving-mare-nostrum-operation-not-migrant-pull-factor, aufgerufen am 11. Januar 2016

10 Martin Anetzberger, »Das Mittelmeer wird wieder unsicherer«, in: http://www.sueddeutsche.de/politik/seenotrettung-fuer-fluechtlinge-das-mittelmeer-wird-wieder-unsicherer-1.2199997, aufgerufen am 11. Januar 2016

11 Internationale Organisation für Migration, »Mediterranean Migrant and Refugee Arrivals Top 90,000 in 2016«, in: http://www.iom.int/news/mediterranean-migrant-and-refugee-arrivals-top-90000-2016, aufgerufen am 11. Januar 2016

12 Bernd Kastner, »Ohne Worte«, in: http://www.sueddeutsche.de/muenchen/fluechtlinge-in-muenchen-ohne-worte-1.2170074, aufgerufen am 11. Januar 2016

13 BAMF, »Verteilung der Asylbewerber«, in: http://www.bamf.de/DE/Migration/AsylFluechtlinge/Asylverfahren/Verteilung/verteilung-node.html, aufgerufen am 13. Februar 2016

14 Silke Hoock, »Flüchtlingsansturm überfordert NRW«, in: http://www.derwesten.de/staedte/dortmund/fluechtlingsansturm-ueberfordert-nrw-id10033021.html, aufgerufen am 13. Februar 2016

15 Bundesministerium des Innern, »202.834 Asylanträge im Jahr 2014«, in: http://www.bmi.bund.de/SharedDocs/Pressemitteilungen/DE/2015/01/asylzahlen_2014.html, aufgerufen am 11. Januar 2016

16 Katharina Brunner, »So funktioniert das Asylverfahren«, in: http://www.sueddeutsche.de/politik/fluechtlinge-so-funktioniert-das-asylverfahren-1.2622761, aufgerufen am 13. Februar 2016

17 Andrea Dernbach, »Verteilung an andere EU-Staaten stockt«, in: http://www.tagesspiegel.de/weltspiegel/fluechtlinge-in-deutschland-verteilung-an-andere-eu-staaten-stockt/12988216.html, aufgerufen am 22. Februar 2016

18 Hannah Beitzer, »Aber doch nicht hier«, in: http://www.sueddeutsche.de/panorama/fluechtlingsheim-in-hamburger-villenviertel-aber-doch-nicht-hier-1.2249044, aufgerufen am 21. Januar 2016

19   Markus C. Schulte von Drach, »Vom Vorurteil zur
      Fremdenfeindlichkeit«, in: http://www.sueddeutsche.de/politik/
      fluechtlinge-in-deutschland-vom-vorurteil-zur-fremdenfeindlichkeit-
      1.2251706, aufgerufen am 21. Januar 2016

20   Olaf Pryzbilla, »Naziparolen am Waldrand«, in: http://www.
      sueddeutsche.de/bayern/brandanschlag-auf-fluechtlingsunterkuenfte-
      naziparolen-am-waldrand-1.2264342, aufgerufen am 21. Januar 2016

21   Pro Asyl, »Klima der Angst«, in: http://www.proasyl.de/de/news/
      detail/news/klima_der_angst_rassistischer_gewalt_und_hetze_
      gegen_fluechtlinge_in_2014/, aufgerufen am 21. Januar 2016

22   Christian Weber, »Eine gewaltige Herausforderung«, in:
      http://www.sueddeutsche.de/gesundheit/psychiatrie-eine-
      herausforderung-1.2722365, aufgerufen am 16. Januar 2016

23   David Lohmann, »Steigende Selbstmordrate bei Flüchtlingen«, in:
      http://www.bayerische-staatszeitung.de/staatszeitung/landtag/
      detailansicht-landtag/artikel/steigende-selbstmordrate-bei-
      fluechtlingen.html, aufgerufen am 13. Februar 2016

24   Jens Meyer-Wellmann, »20 Suizidversuche in einem Jahr in
      Flüchtlingseinrichtungen«, in: http://www.abendblatt.de/hamburg/
      article205293191/20-Suizidversuche-in-einem-Jahr-in-
      Fluechtlingseinrichtungen.html, aufgerufen am 13. Februar 2016

25   SZ.de, »De Maizière stockt Personal für Asylanträge massiv auf«, in:
      http://www.sueddeutsche.de/politik/bundesamt-de-maizire-stockt-
      personal-fuer-asylantraege-massiv-auf-1.2471871, aufgerufen am
      13. Februar 2016

26   SZ.de, »Sprunghafter Anstieg rechter Gewalt«, in: http://www.
      sueddeutsche.de/politik/polizeiliche-kriminalstatistik-sprunghafter-
      anstieg-rechter-gewalt-1.2467342, aufgerufen am 13. Februar 2016

27   Manuel Bewarder und Karsten Kammholz, »So viele Asylsuchende
      wie noch nie«, in: http://www.welt.de/politik/deutschland/
      article144701952/So-viele-Asylsuchende-in-Deutschland-wie-noch-nie.
      html, aufgerufen am 14. Februar 2016

28   Antonie Rietzschel, »Männlich, gebildet, parteilos«, in: http://www.
      sueddeutsche.de/politik/studie-zu-pegida-demonstranten-maennlich-
      gut-gebildet-parteilos-1.2303475, aufgerufen am 15. Februar 2016

29   Robert Roßmann, Was hinter der Zahl 1,5 Millionen steckt, in:
      http://www.sueddeutsche.de/politik/asylsuchende-in-deutschland-
      was-hinter-der-zahl-von-millionen-steckt-1.2677767, aufgerufen am
      9. Februar 2016

30   Autor Spiegel Online, »Deutschland setzt Dublin-Verfahren aus«, in:
      http://www.spiegel.de/politik/deutschland/syrien-fluechtlinge-
      deutschland-setzt-dublin-verfahren-aus-a-1049639.html, aufgerufen
      am 9. Februar 2016

31   Infratest Dimap, »ARD-DeutschlandTREND«, in: http://www.
      infratest-dimap.de/umfragen-analysen/bundesweit/ard-
      deutschlandtrend/2015/august/, aufgerufen am 15. Februar 2016

32   Doris Akrap, »Germany's response to the refugee crisis is admirable.
      But I fear it cannot last«, in: http://www.theguardian.com/
      commentisfree/2015/sep/06/germany-refugee-crisis-syrian,
      aufgerufen am 15. Februar 2015

33   SZ.de, »Was Wirtschaftsbosse zur Flüchtlingskrise sagen«, in:
      http://www.sueddeutsche.de/wirtschaft/unternehmen-was-
      wirtschaftsbosse-zur-fluechtlingskrise-sagen-1.2649991, aufgerufen
      am 9. Februar 2016

34   Till Schwarze, »Ausbildung schützt vor Abschiebung«, in:
      http://www.zeit.de/politik/deutschland/2015-07/fluechtlinge-
      bleiberecht-bundestag-beschluss, aufgerufen am 9. Februar 2016

35   Sebastian Gierke, »Warum das Mitglied verloren geht«, in: http://
      www.sueddeutsche.de/politik/fluechtlinge-in-deutschland-warum-
      das-mitleid-verloren-geht-1.2683866, aufgerufen am 9. Februar 2016

36   Alexander Jürgs, »So zerrissen ist Deutschland in der Flüchtlings-
      krise«, in: http://www.welt.de/vermischtes/article148701343/
      So-zerrissen-ist-Deutschland-in-der-Fluechtlingsfrage.html,
      aufgerufen am 15. Februar 2016

37   Durchgezählt, »Statistik zu Pegida in Dresden«, in:
      http://durchgezaehlt.org/pegida-dresden-statistik/, aufgerufen
      am 15. Februar 2016

38   Paul Munzinger und Ruth Eisenreich, »Warum Flüchtlinge zu
      falschen Syrern werden«, in: http://www.sueddeutsche.de/politik/
      migration-warum-fluechtlinge-zu-falschen-syrern-werden-1.2657804,
      aufgerufen am 14. Februar 2016

39   Zeit Online, »Kaum gefälschte syrische Pässe unter Flüchtlingen«, in:
      http://www.zeit.de/politik/deutschland/2015-12/fluechtlinge-syrien-
      kaum-gefaelschte-paesse, aufgerufen am 15. Februar 2016

40   Welt Online, »1,2 Millionen Flüchtlinge kamen 2015 nach
      Deutschland«, in: http://www.welt.de/politik/deutschland/
      article150678614/1-1-Millionen-Fluechtlinge-kamen-2015-nach-
      Deutschland.html, aufgerufen am 9. Februar 2016

41   Tagesschau.de, »Angriffe auf Flüchtlingsheime verfünffacht«,
      in: http://www.tagesschau.de/inland/angriffe-
      fluechtlingsunterkuenfte-103.html, aufgerufen am 9. Februar 2016

42   ACCORD, »Syria: Treatment and human rights situation of homo-
      sexuals: Legal provisions concerning homosexual activity; social treat-
      ment of homosexuals (including the issue of »honour killings«)«, in
      http://www.refworld.org/cgi-bin/texis/vtx/rwmain?docid=4a16a9d92,
      aufgerufen am 9. Februar 2016

43 Hannah Lucinda Smith, »Gay Syrians Are Being Blackmailed,
     Tortured and Killed by Jihadists«, in: https://www.vice.com/read/
     gay-syrians-are-being-blackmailed-by-jihadists, aufgerufen
     am 9. Februar 2016

44 Kristiana Ludwig, »Wenn ›Bürgerwehren‹ Hetzjagden veranstalten«,
     in: http://www.sueddeutsche.de/panorama/koeln-wenn-
     buergerwehren-hetzjagden-veranstalten-1.2813348, aufgerufen am
     14. Februar 2016

45 Autor SZ.de, »Hungersnot im belagerten syrischen Madaya«, in:
     http://www.sueddeutsche.de/politik/syrien-hungersnot-im-
     belagerten-syrischen-madaya-1.2807819, aufgerufen am
     9. Februar 2016

46 Sebastian Fischer, »Obamas Tanz auf der roten Linie«, in:
     http://www.spiegel.de/politik/ausland/syrien-obamas-tanz-auf-der-
     roten-linie-a-917908.html, aufgerufen am 9. Februar 2016

47 Autor SZ.de, »Hinweise auf geplanten IS-Selbstmordanschlag in
     München«, in: http://www.sueddeutsche.de/muenchen/terroralarm-
     hinweise-auf-geplanten-is-selbstmordanschlag-in-muenchen-1.2802291,
     aufgerufen am 15. Februar 2016

48 Autor WAZ, »Staatsanwaltschaft Köln: Mehr als 1000 Anzeigen«, in:
     http://www.derwesten.de/region/staatsanwaltschaft-koeln-mehr-als-
     1000-anzeigen-id11507959.html, aufgerufen am 15. Februar 2016

49 Jan Bielicki, »Warum die Medien so spät über Köln berichteten«, in:
     http://www.sueddeutsche.de/medien/uebergriffe-an-silvester-warum-
     die-medien-so-spaet-ueber-koeln-berichteten-1.2808386, aufgerufen
     am 15. Februar 2016

50 Nora Schareika, »Was Köln mit dem Islam (nicht) zu tun hat«, in:
     http://www.n-tv.de/politik/Was-Koeln-mit-dem-Islam-nicht-zu-tun-
     hat-article16718251.html, aufgerufen am 15. Februar 2016

51 Anant Argawala, »Kölns schwerer Kampf gegen die ›Nafri‹-
     Kriminellen«, in: http://www.zeit.de/gesellschaft/zeitgeschehen/
     2016-01/koeln-nordafrikaner-kriminialitaet-polizei, aufgerufen am
     15. Februar 2016

52 Marc Bädorf, Simon Hurtz und Gianna Niewel, »Viele Forderungen,
     wenig Realitätssinn«, in: http://www.sueddeutsche.de/politik/
     uebergriffe-in-koeln-nach-koeln-viele-forderungen-wenig-
     realitaetssinn-1.2818248, aufgerufen am 15. Februar 2016

53 SZ.de, »Dobrindt fordert Merkel zu Kurswechsel in der Asylpolitik
     auf«, in: http://www.sueddeutsche.de/politik/fluechtlingsdebatte-
     dobrindt-fordert-merkel-zu-kurswechsel-in-der-asylpolitik-auf-
     1.2824212, aufgerufen am 15. Februar 2016

54 Der Name der Stadt wird aus Sicherheitsgründen nicht genannt.

55 Markus C. Schulte von Drach, »So kam es zur Flüchtlingskata-
strophe«, in: http://www.sueddeutsche.de/politik/chronologie-des-
syrischen-buergerkriegs-so-kam-es-zur-fluechtlingskatastrophe-
1.2652348, zuletzt aufgerufen am 12. Februar 2016

56 Antonie Rietzschel, »Luftschläge in Syrien und Irak töten Hunderte
Zivilisten«, in: http://www.sueddeutsche.de/politik/militaereinsatz-
luftschlaege-in-syrien-und-irak-toeten-hunderte-zivilisten-
1.2769397?reduced=true, aufgerufen am 18. Februar 2016

57 SZ.de, »Humanitäre Katastrophe an syrisch-türkischer Grenze
befürchtet«, in: http://www.sueddeutsche.de/politik/krieg-gefechte-
in-aleppo-humanitaere-katastrophe-an-syrisch-tuerkischer-grenze-
befuerchtet-1.2852232?source=rss, aufgerufen am 20. Februar 2016

58 Paul-Anton Krüger, »Nur eine Armee kann den IS besiegen«, in:
http://www.sueddeutsche.de/politik/islamisten-nur-eine-armee-kann-
den-is-besiegen-1.2856928, aufgerufen am 19. Februar 2016

59 Vereinte Nationen, »Syria Regional Refugee Response«, in:
http://data.unhcr.org/syrianrefugees/regional.php, zuletzt aufgerufen
am 12. Februar 2016

60 Paul-Anton Krüger, »In Syriens Nachbarländern kippt die Stimmung«,
in: http://www.sueddeutsche.de/politik/hilfe-fuer-syrien-in-syriens-
nachbarlaendern-kippt-die-stimmung-1.2847621, zuletzt aufgerufen
am 12. Februar 2016

61 Taz.de, »Hunderttausende Flüchtling«, in: http://www.taz.de/
!5267999/, aufgerufen am 19. Februar 2016

62 Barbara Schmickler und Wenke Börnsen, »Die Willigen und die
Unwilligen«, in: http://www.tagesschau.de/ausland/fluechtlinge-
eu-faq-101.html, aufgerufen am 21. Februar 2016

63 Annett Meiritz, »Grenzschutz: Spitzenpolitiker entsetzt über
Waffeneinsatz-Äußerungen von AfD-Frauen«, in:
http://www.spiegel.de/politik/deutschland/afd-beatrix-von-storch-
schiessbefehl-aeusserung-loest-entsetzen-aus-a-1074937.html,
aufgerufen am 21. Februar 2016

64 Antonie Rietzschel, »Polizei gibt Flüchtlingen Mitschuld an Mob-
Stimmung«, in: http://www.sueddeutsche.de/politik/clausnitz-
polizei-gibt-fluechtlingen-mitschuld-an-mob-stimmung-1.2872744,
aufgerufen am 21. Februar 2016

65 Bundesregierung, »Aus Flüchtlingen werden Auszubildende«, in:
https://www.bundesregierung.de/Content/DE/Artikel/2016/02/
2016-02-05-bm-wanka-handwerksinitiative.html, aufgerufen am
21. Februar 2016

66 UNHCR, »Syria Regional Refugee Response«, in: http://data.unhcr.
org/syrianrefugees/regional.php, aufgerufen am 16. Februar 2016

67 European Commission, »Lebanon: Syria Crisis«, in: http://ec.europa.eu/echo/files/aid/countries/factsheets/lebanon_syrian_crisis_en.pdf, aufgerufen am 22. Februar 2016

68 Paul-Anton Krüger, »In Syriens Nachbarländern kippt die Stimmung«, in: http://www.sueddeutsche.de/politik/hilfe-fuer-syrien-in-syriens-nachbarlaendern-kippt-die-stimmung-1.2847621, aufgerufen am 22. Februar 2016

69 IOM, »Mediterranean Migrant and Refugee Arrivals Top 90,000 in 2016«, in: http://www.iom.int/news/mediterranean-migrant-and-refugee-arrivals-top-90000-2016, aufgerufen am 22. Februar 2016

70 Paul Middelhof, »Die neuen Routen der Flüchtlinge«, in: http://www.zeit.de/politik/ausland/2015-09/kroatien-serbien-ungarn-fluechtlinge-route-balkan, aufgerufen am 22. Februar 2016

71 Tagesschau.de, »Flüchtlingspakt in Kraft – viele Fragen offen«, in: http://www.tagesschau.de/ausland/fluechtlingsabkommen-101.html, aufgerufen am 22. März 2016

72 Deutsche Welle, »Neue Flüchtlingswelle aus Libyen«, in: http://www.dw.com/de/neue-fl%C3%BCchtlingswelle-aus-libyen/a-19063513, aufgerufen am 23. Februar 2016

73 BAMF, »Dublin-Verfahren«, in: http://www.bamf.de/DE/Migration/AsylFluechtlinge/Asylverfahren/Dublinverfahren/dublinverfahren-node.html, aufgerufen am 23. Februar 2016

74 Tagesschau.de, »Dublin-Verfahren für Syrer ausgesetzt«, in: https://www.tagesschau.de/inland/syrer-dublin-verfahren-ausgesetzt-101.html, aufgerufen am 23. Februar 2016

75 FAZ, »Deutschland verlängert Grenzkontrollen bis Mai«, in: http://www.faz.net/aktuell/politik/fluechtlingskrise/fluechtlingskrise-deutschland-verlaengert-grenzkontrollen-bis-mitte-mai-14064801.html, aufgerufen am 23. Februar 2016

76 Zeit Online, »Deutschland wendet Dublin-Verfahren wieder an«, in: http://www.zeit.de/politik/deutschland/2015-11/fluechtlingskrise-deutschland-dublin-verfahren-syrer, aufgerufen am 23. Februar 2016

77 Roland Preuß, »Mehr als 130 000 Asylsuchende sind verschwunden«, in: http://www.sueddeutsche.de/politik/fluechtlingspolitik-mehr-als-jeder-zehnte-asylsuchende-ist-verschwunden-1.2881071, aufgerufen am 28. Februar 2016

78 Stern.de, »Bis zu 770 000 offene Asyl-Fälle«, in: http://www.stern.de/politik/deutschland/bamf—bis-zu-770-000-offene-asyl-faelle-6683724.html, aufgerufen am 28. Februar 2016

79 Leonie Feuerbach, »Wie unflexible Bürokraten Hilfe für Flüchtlinge blockieren«, in: http://www.faz.net/aktuell/politik/fluechtlingskrise/einwanderung-wie-unflexible-buerokraten-hilfe-fuer-fluechtlinge-blockieren-13931244.html, aufgerufen am 28. Februar 2016

80 SWP, »Baubranche fordert weniger Bürokratie«, in:
    http://www.swp.de/goeppingen/lokales/landkreis_gp/Baubranche-
    fordert-weniger-Buerokratie-Fluechtlinge-schnell-in-Ausbildung-
    bekommen;art1210078,3680207, aufgerufen am 28. Februar 2016

81 BAMF, »Königsteiner Schlüssel«, in: http://www.bamf.de/DE/
    Migration/AsylFluechtlinge/Asylverfahren/Verteilung/verteilung-
    node.html, aufgerufen am 23. Februar 2016

82 Tagesschau.de, »Welche Maßnahmen gehören zum Asylpaket II?«,
    in: https://www.tagesschau.de/inland/asylpaket-zwei-beschluesse-103.
    html, aufgerufen am 23. Februar 2016

83 Andrea Dernbach, »Verteilung an andere EU-Staaten stockt«, in:
    http://www.tagesspiegel.de/weltspiegel/fluechtlinge-in-deutschland-
    verteilung-an-andere-eu-staaten-stockt/12988216.html, aufgerufen am
    22. Februar 2016

84 Tagesschau.de, »Sichere Herkunftsstaaten – für Kretschmann noch
    fraglich«, in: https://www.tagesschau.de/inland/sichere-
    herkunftsstaaten-103.html, aufgerufen am 23. Februar 2016

85 Katharina Brunner, »So funktioniert das Asylverfahren«, in:
    http://www.sueddeutsche.de/politik/fluechtlinge-so-funktioniert-
    das-asylverfahren-1.2622761, aufgerufen am 23. Februar 2016

86 BAMF, »FAQ: Zugang zum Arbeitsmarkt für geflüchtete Menschen«,
    in: http://www.bamf.de/DE/Infothek/FragenAntworten/
    ZugangArbeitFluechtlinge/zugang-arbeit-fluechtlinge-node.html,
    aufgerufen am 23. Februar 2016

87 Jan-Martin Wiarda, »Zwei Drittel können kaum lesen und schreiben«,
    in: http://www.zeit.de/2015/47/integration-fluechtlinge-schule-
    bildung-herausforderung, aufgerufen am 23. Februar 2016

88 UNHCR, »UNHCR questionnaire finds most Syrians arriving in
    Europe coming directly from Syria«, in: http://www.unhcr.
    org/5666c8de6.html, aufgerufen am 23. Februar 2016

89 IAB, »Flüchtlinge und andere Migranten am deutschen Arbeitsmarkt:
    Der Stand im September 2015«, in: http://doku.iab.de/aktuell/2015/
    aktueller_bericht_1514.pdf, aufgerufen am 23. Februar 2016

90 Unicef, »More children and women seek safety in Europe«, in:
    http://www.unicef.org/media/media_90000.html, aufgerufen am
    23. Februar 2016

91 Christoph Meyer, »Handys sind für Flüchtlinge kein Luxusartikel«,
    in: http://www.sueddeutsche.de/panorama/vorurteile-warum-handys-
    fuer-fluechtlinge-kein-luxusartikel-sind-1.2603717, aufgerufen am
    28. Februar 2016

92 BAMF, »Merkblatt zum Integrationskurs«, in:
    http://www.bamf.de/SharedDocs/Anlagen/DE/Downloads/Infothek/
    Integrationskurse/Kursteilnehmer/Merkblaetter/630-036_merkblatt-
    auslaenderbehoerde.pdf?__blob=publicationFile, aufgerufen am
    28. Februar 2016

93 BAMF, »Ausländer mit Aufenthaltstiteln ab 2005«, in:
    http://www.bamf.de/DE/Infothek/FragenAntworten/
    IntegrationskurseAsylbewerber/integrationskurse-asylbewerber-node.
    html, aufgerufen am 28. Februar 2016

94 Julia Ley, »Rückkehr in den Bürgerkrieg«, in: http://www.
    sueddeutsche.de/politik/fluechtlinge-in-deutschland-rueckkehr-in-
    den-buergerkrieg-1.2830677, aufgerufen am 28. Februar 2016

95 Bundesministerium der Justiz und für Verbraucherschutz,
    »Asylbewerberleistungsgesetz«, in: http://www.gesetze-im-internet.
    de/asylblg/, aufgerufen am 28. Februar 2016

96 Jan Felix Engelhardt, »Eine Chance für den deutschen Islam«, in:
    http://www.zeit.de/gesellschaft/zeitgeschehen/2015-10/islam-
    deutschland-muslimische-fluechtlinge-chancen, aufgerufen am
    28. Februar 2016

97 Anna Reimann, »Wer auf andere losgeht, hat sein Asylrecht
    verwirkt«, in: http://www.spiegel.de/politik/deutschland/
    syrien-effekt-wie-veraendern-fluechtlinge-den-islam-in-
    deutschland-a-1051934.html, aufgerufen am 28. Februar 2016

98 Bernhard Walker, »›Syrer sind konservativ, aber auch tolerant‹«, in:
    http://www.badische-zeitung.de/deutschland-1/syrer-sind-konservativ-
    aber-auch-tolerant—112332322.html, aufgerufen am 28. Februar 2016

99 Stefan Kreitewolf, »Salafisten suchen neue Anhänger«, in: http://
    www.zeit.de/gesellschaft/2015-10/salafisten-fluechtlinge-propaganda-
    verfassungsschutz, aufgerufen am 28. Februar 2016

100 Lisa Schnell, »Das Märchen von der Panzerfaust«, in: http://www.
    sueddeutsche.de/bayern/geruechte-ueber-fluechtlinge-das-maerchen-
    von-der-panzerfaust-1.2843880, aufgerufen am 28. Februar 2016

101 Eckhart Lohse, »Die Suche nach der Wahrheit über die Verbrechen«,
    in: http://www.faz.net/aktuell/politik/fluechtlingskrise/fluechtlinge-
    und-kriminalitaet-bka-nennt-zahlen-14078095.html, aufgerufen am
    28. Februar 2016

102 Tagesschau.de, »Große Mehrheit für schärfere Asylregelungen«, in:
    http://www.tagesschau.de/inland/bundestag-asylpaket-103.html,
    aufgerufen am 28. Februar 2016

DARRYL CUNNINGHAM

Supercrash

Das Zeitalter der Selbstsucht

248 Seiten, ISBN 978-3-446-44698-4, auch als E-Book
erhältlich

Börsencrash, Finanzkrise und Bad
Banks. Als Antwort darauf greift der
britische Cartoonzeichner Darryl
Cunningham zum Stift und erzählt
die Geschehnisse seit dem Platzen
der amerikanischen Immobilienblase
in seiner Graphic Novel so rasant,
bunt und pointiert, dass man die Ab-
surditäten des globalen Kapitalismus
wirklich versteht. Dabei dringt er zum Kern neoliberaler
Politik vor: der Selbstsucht und Gier. In dramatischen Szenen lässt Cunningham Alan Greenspan, Rick Rubin und
andere Anhänger des Finanzkapitalismus die globale Ökonomie noch einmal an den Rand des Abgrunds führen und
zeigt, wie die Jünger des Neoliberalismus die Finanzpolitik
noch heute bestimmen. Es ist höchste Zeit zu handeln!

*»Cunninghams Weg überzeugt. Dank seiner Unbefangenheit dringt er
tiefer in die Hintergründe der Weltwirtschaft vor als mancher Insider.«*
Andreas Kremla, Falter, 18.3.16

STEFAN MEKIFFER

Warum eigentlich genug Geld für alle da ist

304 Seiten, ISBN 978-3-446-44703-5, auch als E-Book und
als Hörbuch bei audible erhältlich

Reichen 20 Stunden Arbeit pro Woche aus? Ist es wirtschaftlicher, zu teilen als zu sparen? Ja, sagt der junge Ökonom Stefan Mekiffer und spricht für eine ganze Generation. Wir müssen weg von der Vorstellung einer Wirtschaft, wie sie uns von Ökonomen eingeimpft wird; weg vom Bild einer Maschine, deren Stellschrauben die Politik dreht, hin zu dem eines organischen Systems. Mekiffer zeigt uns, wie wir in Zukunft leben werden – mit Grundeinkommen, lokalen Währungen und Negativzinsen. Um das zu schaffen, müssen wir jedoch die Rolle des Geldes neu definieren: von einem Instrument, das uns einengt, zu einem Mittel der Freiheit.

»*Ein leidenschaftliches Plädoyer für eine neue Form der Ökonomie, unterfüttert mit philosophischen Gedanken.*«

Zeitung am Sonntag, März 2016